Die pure Lust am
Land*leben*

mosaik

Die pure Lust am
Land*leben*

Marlies Heinritzi
Christiane Widmayr-Falconi

Fotos: Christa Brand,
Maira Falconi Borja

mosaik

INHALT

VORWORT

Der Geruch von frisch gemähtem Gras und würzigen Kräutern, Gärten voller Blumen, Gemüse und reifer Früchte. Wer liebt es nicht – das Leben auf dem Land? Viele kennen es vielleicht noch aus Kindertagen oder weil es sie am Wochenende immer wieder hinauszieht. So mancher tobt seine Lust am Landleben auch auf dem Stadtbalkon aus, pflanzt Kräuter und Salat und erntet Radieschen. Andere verbringen gleich ihr ganzes Leben draußen in der Provinz, sind »Landei« aus Überzeugung.

Aber wieso haben wir eigentlich so viel Freude am Landleben? Liegt es an der guten Luft oder daran, dass die Uhren dort noch geruhsamer ticken? Kommt es, weil die Eier nicht aus dem Supermarkt, sondern von den eigenen Hühnern stammen und weil die Marmelade selbst eingekocht ist? Oder sind es die Traditionen, der seit Generationen bewährte Erfahrungsschatz, der auch modernen Menschen noch viel zu bieten hat?

»Wahrscheinlich ist es von allem etwas«, meint Marlies Heinritzi – und sie muss es wissen. Die Kräuterexpertin und Meisterin der ländlichen Hauswirtschaft hat das Landleben mit all seinen Facetten von klein auf kennengelernt – auf einem Bauernhof im bayerischen Voralpenland. Wie der Apfelstrudel immer gelingt, wie man selber Käse und Butter macht und was sich hinter Hollerretzel und Bröselhafer verbirgt, das haben ihr Mutter und Großmutter beigebracht. Und von den beiden Bäuerinnen weiß sie auch um die Heilkräfte der Natur und wie man sie mit selbst gemachten Kräutersäften, Tinkturen und Salben für sich nutzt.

Nach dem Motto »Selbst ist die Frau« pflückt sie die Vitamine für ihren Frühlingsshake von der Wiese, bäckt ihr Kräuterbrot am liebsten selbst, holt die Zutaten für ihre Marmelade aus der Wildhecke und weckt für den Winter Gartengemüse ein, was das Zeug hält. Wie viel Freude dieses Selbermachen bereitet, spüren auch die begeisterten Teilnehmer ihrer Kräuterseminare oder jene Besucher, die sie als Chefin des Kramerladens im oberbayerischen Freilichtmuseum auf der Glentleiten bewirtet.

In ihrem Wirkungsfeld, einer Art »Rettungsinsel für alte Bauernhäuser«, ist auch *Die pure Lust am Landleben* entstanden. Der perfekte Ort für ein Buch vom Leben auf dem Land. Schließlich ist das Freilichtmuseum Glentleiten eine Oase für besondere Pflanzen, eine Arche für bedrohte Nutztierrassen und ein Hort für echtes Brauchtum und ländliches Leben. Das erklärt auch, warum auf vielen Fotos wunderschöne, liebenswerte Küchenutensilien und Gerätschaften zu sehen sind, wie zum Beispiel ein Holzherd oder alte Töpfe und Pfannen. Wohl kaum jemand hat sie noch wirklich in Gebrauch – aber wir alle lieben sie.

Dieses Buch will Sie einladen, Bewährtes und Bewahrtes sowie die Freude am Selbermachen wieder zu entdecken und die pure Landlust zu genießen!

FRÜHLING

DIE JUNGEN WILDEN

Endlich tummeln sie sich wieder im Gras, die ersten Frühlingsboten. Marlies Heinritzi hat schon sehnsüchtig auf sie gewartet. Denn das bunte Wiesen-Allerlei ist nicht nur schön anzusehen, sondern lädt auch zum Selbermachen ein: Kaum zu glauben, was man daraus alles zaubern kann.

Wenn Tausende von kleinen Löwenzahn-Sonnen mit ihrem großen Vorbild am Himmel um die Wette strahlen und die Wiesen ringsum in ein goldenes Blütenmeer verwandeln, dann ist der lang ersehnte Moment endlich da: Voller Vorfreude greife ich zu Erntekorb und Grabgabel und mache mich auf nach draußen. Schlapp, müde, antriebslos – damit ist es jetzt endgültig vorbei!

Gegen Frühjahrsmüdigkeit sind nämlich viele Kräuter gewachsen. Und das besonders Schöne ist: Man muss sie nicht mal säen, sondern kann gleich ernten – einfach so, mitten im Gras. Denn es sind gar nicht die Gemüsebeete, die uns so früh im Jahr frisches Grün bescheren, sondern die Wiesen und Weiden.

Und tatsächlich, während in den Gärten auf der Glentleiten um diese Zeit noch gähnende Leere herrscht und höchstens Buchsbordüren die Stellung halten, ist rundherum schon der Frühling eingekehrt. Gänseblümchen, Gundermann und viele andere kleine Frühaufsteher tupfen bunte Flecken und Sprenkel ins junge Gras. Wie schön!

Vase oder Teller?

Heutzutage denken die meisten Menschen beim Anblick von Wiesen-Schaumkraut und Günsel vermutlich eher an ein Sträußchen für die Vase als an Vitamine und Mineralstoffe. Früher war das anders. Bei unseren Vorfahren ging die Liebe zu den kleinen Frühlingsboten noch hauptsächlich durch den Magen. Für sie bedeuteten die ersten Kräuter das glückliche Ende einer langen, kargen Winterzeit. Die inneren Werte von Gundermann, Giersch & Co. brachten den Stoffwechsel in Schwung und Abwechslung auf den Teller. Aber das gilt natürlich auch noch heute.

Die jungen Wilden im Gras sind wahre Muntermacher. Der **Löwenzahn** zum Beispiel steckt von der Wurzel bis zum gelben Blütenköpfchen voll mit wertvollen Substanzen. Es ist ein ganzer Cocktail aus Vitaminen, Mineralstoffen, Flavonoiden, Inulin und Bitterstoffen, der das »Gold der Wiese« zu einem wichtigen Helfer bei Frühjahrskuren macht. Leider haben wir die Bitterstoffe heute weitgehend aus unserer Nahrung verbannt. Und das, obwohl sie bei der Verdauung wertvolle Dienste leisten.

Für meine Frühlingsbowle halte ich nach weit geöffneten Löwenzahnblüten Ausschau. Die gibt's aber nur an Sonnentagen, bei Regen bleiben die gelben Puderquasten geschlossen. Schnell ist so ein Sträußchen gepflückt ebenso wie das Bündel junger Löwenzahnblätter, das ich für meinen Frühlingsshake brauche.

Genauso leicht zu finden sind **Gänseblümchen** – und zwar schon besonders früh im Jahr. Man muss eigentlich nur unter den Füßen nachschauen. Denn Frühling ist … wenn man mit einem Schuh auf sieben Gänseblümchen treten kann. So heißt es jedenfalls in England. Die kleinen Frühlingsboten haben es mir immer schon angetan: Bereits als kleines Mädel saß ich gern im Gras und verputzte eins der weißen Blümchen nach dem anderen. Ich liebe diesen Geschmack: erst süß, dann ein klein wenig bitter. Dass ich unseren Kühen alles weggefuttert hätte, damit zieht mich meine Familie heute noch auf. Ein Tipp: Fast alle Kinder mögen Gänseblümchen aufs Butterbrot – ganz besonders, wenn sie die Blüten auch noch selbst gesammelt haben.

Den feinen Blättern des **Gundermanns** sollte man ebenfalls ein Plätzchen im Erntekorb reservieren. Der herb-balsamische Duft, den diese verströmen, geht auf die vielen ätherischen Öle in der Pflanze zurück. Mancher findet den Geruch vielleicht penetrant, für noch aufdringlicher allerdings halten einige die über einen

Marlies erzählt

Bereits als kleines Mädel saß ich gern im Gras und verputzte eins der weißen Blümchen nach dem anderen.

Meter lange Ranken: Damit hangelt sich das unternehmungslustige Kraut gerne an Hecken und Zäunen empor. Im Niederdeutschen trug ihm das den Kosenamen »Heckenkieker« ein. Uns kann solches Tun ja eigentlich nur recht sein, dann kommt uns der kleine Klettermaxe beim Pflücken sogar noch entgegen. Ernten allerdings sollte man ihn, wie alle typischen Frühlingskräuter, nur bis Juni. Und grundsätzlich gilt auch für alle: Je zarter die Blätter, umso wohlschmeckender sind sie.

Dieser Rat bezieht sich natürlich genauso auf den **Giersch.** Seine gefiederten Blätter mit den feingezackten Rändern schmecken jetzt würzig und nicht zu bitter und verleihen meiner Kräuterbowle einen Hauch von Wildnis. Gärtner fürchten das Kraut als kriechendes Grauen: Jedes Wurzelstückchen schlägt wieder aus und durchwuchert die Beete. Bislang kennen die meisten zwei Möglichkeiten, um dagegen vorzugehen: Kapitulation oder Angriff. Ich wähle lieber einen dritten Weg: Einfach aufessen!

Wie wär's noch mit ein paar Blüten vom **Wiesen-Schaumkraut?** Eine senfartige Schärfe zeichnet diesen Grasbewohner aus, und in großen Mengen kann man damit sogar eine Nierenreizung hervorrufen. Aber für die Blütenbowle, fürs Butterbrot oder die Salatgarnitur nimmt man ohnehin nur eine unbedenkliche Handvoll der blutreinigenden Brunnenkresse-Verwandtschaft, die auf feuchten Wiesen und an Bach- und Teichrändern wächst.

Pimpinelle, deren Blätter ebenfalls die Frühlingsbowle würzen, verwechselt man leicht mit der Bibernelle. Da aber beide zu den Heilpflanzen gehören, ist das nicht weiter schlimm. Man muss sich nur die Frage beantworten, ob man den nussartigen Gurkengeschmack der Pimpinelle oder das süße Anisaroma der Bibernelle bevorzugt.

Sein dekoratives Aussehen bescherte dem **Kriechenden Günsel** schon früh eine Gartenkarriere. Doch mag auch seine Wundheilkraft eine Rolle gespielt haben. Erst vor Kurzem machten Wissenschaftler wieder auf ihn aufmerksam – weil sie in ihm einen der Hauptwirkstoffe gegen Rheuma entdeckten. Aber bescheiden wie eh und je, wächst der Günsel weiter in Straßengräben, an Waldrändern und mitten in der Wiese.

Was mir zum Schluss noch fehlt, liefert der Waldrand: ein paar Blütenstängel der **Schlüsselblume,** ein Büschel **Waldmeister** fürs Dessert und die ersten grünen **Fichtenspitzen.** Weit braucht man wirklich nicht zu gehen, die wilden Schmankerl sind schnell gefunden. Es handelt sich nämlich um echte Allerweltspflanzen, die überall an Weg-, Wald- und Wiesenrändern gedeihen.

Aber jetzt ab in die Küche mit dem »Unkraut«! Löwenzahn, Günsel und die anderen: Wer einmal davon gekostet hat, der ist bestimmt genauso überzeugt wie ich, dass sie kulinarische Qualitäten haben und mühelos den Sprung in die moderne Küche schaffen. Zarte Blätter wandern in Salat und Frühlingsshake, Blüten werden als Bowle angesetzt. Dazu gibt's Wildkräuterbutter mit frischem Brot, Fichtenspitzensirup zum Käse, Waldmeistercreme als Dessert – fertig ist das Gourmet-Wiesenbuffet, das nicht nur wunderbar schmeckt, sondern auch noch so gesund ist.

Jetzt sprießen sie wieder!

Mit diesen frisch gepflückten Frühlingsboten zaubern Sie die Blütenbowle:

Vordere Reihe, von links nach rechts: zartes Blattwerk vom **Giersch,** Blütenstängel der **Schlüsselblume** in hellem Gelb, blaublütiger **Gundermann, Gänseblümchen** und gefiedertes Laub der **Pimpinelle.**

Hinten: **Kriechender Günsel** ganz in Blau, zart fliederfarbenes **Wiesen-Schaumkraut** und goldgelber **Löwenzahn** – alle an einem sonnigen Tag geerntet.

Und das sollten Sie noch wissen, bevor Sie sich zum Sammeln aufmachen: Ernten Sie nur vollständig aufgeblühte Blumen, und meiden Sie Straßenränder und frisch gedüngte Wiesen. Vor dem Verarbeiten die Blätter waschen – zarte Blüten nur vorsichtig ausschütteln.

Blütenbowle

Für 2½ Liter

- 2 Handvoll Blüten und Blätter
- 1½ l Wasser
- ¾ l Apfelsaft

 Blüten und Blätter in ein Gefäß geben. Mit Wasser und Apfelsaft übergießen, sodass alles bedeckt ist.

 Über Nacht durchziehen lassen.

 Ausschenken oder abgesiebt in Flaschen füllen.

 Hält im Kühlschrank 2 bis 3 Tage.

MARLIES' TIPP
Halb so wild

»Die Kräuterbowle schmeckt auch mit Zitronenmelisse und Minze aus dem Garten.«

Frühlingsshake

Für 2 Gläser à ¼ Liter

- 1 Handvoll junge Löwenzahn-Blattrosetten
- 2 Bio-Orangen
- 1 Apfel
- ⅛ l Buttermilch
- ⅛ l Frischmilch
- etwas Honig (nach Geschmack)
- Löwenzahn-Blütenblätter zum Verzieren

 Löwenzahnblätter säubern und in Streifen schneiden. Orangen auspressen. Apfel vierteln und das Kerngehäuse entfernen.

 Alles zusammen mit Butter- und Frischmilch in den Mixer geben oder mit einem Zauberstab pürieren.

 Nach Bedarf mit Honig süßen. Mit Blütenblättern verziert servieren.

Waldmeistercreme

Für 4 Portionen

- 2 Bio-Orangen
- ⅜ l Apfelsaft
- 7 Stängel Waldmeister
  (unbedingt vorher anwelken
  lassen, nur so entwickelt
  sich das typische Aroma)
- 5 Blätter Gelatine (nach
  Vorschrift eingeweicht und
  in wenig Wasser aufgelöst)
  oder 35 g Speisestärke
- 200 ml Sahne
  Löwenzahnblüten oder
  Waldmeister zum Verzieren

▪ Orangenschale abreiben und mit Apfelsaft
und Waldmeister zum Kochen bringen.

▪ Die vorbereitete Gelatine oder Speisestärke
(mit 4 EL Apfelsaft angerührt) langsam in die
kochende Flüssigkeit geben. Kurz aufkochen
lassen.

▪ Creme durch ein Sieb streichen, um Orangenschale und Waldmeisterstängel zu entfernen. Dann unter mehrmaligem Umrühren fast
erkalten lassen.

▪ Geschlagene Sahne unter die Creme heben.

▪ Nach Belieben mit klein gezupften Löwenzahnblüten vermischen oder mit Waldmeister
garnieren.

M A R L I E S'   T I P P :

Waldmeister – unbeschwert genießen

»›Allzu viel ist ungesund‹ heißt es auch beim Waldmeister.
Dann nämlich kann der in ihm enthaltene Duftstoff Cu-
marin Benommenheit, Schwindel und Kopfweh auslösen.
Deshalb raten die Experten, maximal 3 Gramm frisches
Kraut pro Liter Flüssigkeit zu sich zu nehmen, das entspricht
etwa 10 Waldmeister-Quirlen. Wer sich daran hält, kann
völlig unbesorgt genießen.«

Fichtenspitzensirup

Für ca. 400 ml Sirup

1 l Fichtenspitzen (junger,
    hellgrüner Maiwuchs,
    im Messbecher gemessen)

1 l Wasser

1 kg Haushaltszucker

Saft von 1 Zitrone

Für den Sud:

▪ Fichtenspitzen in einen Topf füllen, mit Wasser übergießen und aufkochen.

▪ ¼ Stunde weiterköcheln, dann über Nacht stehen lassen.

▪ Am nächsten Tag durch ein Sieb gießen – den Rest gut ausdrücken, damit nichts verloren geht. Der Sud ist milchig weiß und trüb vom Harz.

Für den Sirup:

▪ Sud, Zucker und Zitronensaft zusammen in einem großen Topf zum Kochen bringen (schäumt sehr).

▪ Sud auf etwa die Hälfte einkochen lassen (½ Liter dauert etwa 1 Stunde).

▪ Abkühlen lassen. Wieder aufköcheln.

▪ Vorgang so oft wiederholen, bis der Sirup schön dickflüssig ist.

Der Sirup eignet sich als herb-süßer Aufstrich fürs Butterbrot, er würzt Salatsoßen, passt zu herzhaftem Käse und süßt Tee, Joghurt oder Quark. Aber er schmeckt nicht nur lecker, er lindert auch Husten und Heiserkeit – dazu nimmt man 1 bis 2 Teelöffel täglich ein und lässt sie im Mund zergehen.

MARLIES' TIPP
Tanne oder Fichte?

»Das mehrmalige Abkühlen ist wichtig, damit der Sirup anschließend nicht wieder auskristallisiert. Und natürlich kann man anstelle von jungen Fichtentrieben auch Tannenspitzen verwenden. Der richtige Erntezeitpunkt ist da, sobald die Bäume ihre braunen Knospenhüllen abwerfen.«

Kraut oder Unkraut?

Heute finden es die meisten Menschen ziemlich ungewöhnlich, sich die Zutaten für eine Mahlzeit einfach so auf der Wiese zusammenzusuchen. Früher dachte man anders – da erntete man den wilden Feldsalat vom Ackerrain, die Wegwarten-Wurzel für den Kaffee vom Wegesrand und den Guten Heinrich, der einen erstklassigen Spinat abgibt, im Gras. In den Garten pflanzte man immer nur das, was draußen nicht von selber wuchs. Das sparte viel Arbeit!

OSTERN – HIMMLISCH BODENSTÄNDIG

Das Osterfest ist eine wunderbare Gelegenheit, um Bräuche und traditionelle Rezepte wiederzubeleben. Marlies Heinritzi hat die kulinarischen Klassiker für uns neu abgeschmeckt und erzählt, wie's so zugeht auf dem Land – von Gründonnerstag bis Ostersonntag.

Gerade erst ist die Natur aus ihrem Winterschlaf erwacht – da steht schon das erste große Fest des Jahres vor der Tür: Ostern. Zwischen dem 22. März und dem 25. April ist es so weit. Denn der Ostersonntag fällt immer auf den Sonntag, der dem ersten Vollmond nach Frühjahrsanfang folgt. Aber eigentlich muss ich gar nicht im Kalender nachschauen: Ostern ist … wenn es hier nur so von aufgeregt umherschwirrenden Kindern wimmelt.

Der Eifer, mit dem die Kleinen alle Winkel durchstöbern, erinnert mich an meine eigene Kinderzeit. Damals war kein Ostereier-Versteck vor meinem Bruder und mir sicher. Im Fliedergebüsch, in der Astgabel des Apfelbaums, im Blumentopf, im Schuppen und auf der Tenne – wir haben alle Gaben des Osterhasen gefunden.

Der Osterhase

Wo der Osterhase seinen Ursprung hat, ist immer noch nicht zweifelsfrei geklärt. Als sicher gilt aber, dass der Eierbringer erstmals gegen Ende des 17. Jahrhunderts schriftlich Erwähnung fand. Richtig populär wurde das Langohr jedoch erst im 19. Jahrhundert – als Schokoladen-Osterhasen, Spielzeugfiguren und Osterhasen-Bilderbücher seine Beliebtheit enorm förderten. Durch diesen Rummel ist fast in Vergessenheit geraten, dass vor dem Osterhasen auch noch andere Tiere die Ostereier brachten. In Westfalen war es der Osterfuchs, in Thüringen der Storch, in Böhmen der Hahn, und der Kuckuck belieferte die Schweiz.

Bevor es für uns Kinder ans Eiersuchen ging, musste jedoch erst noch die Karwoche überstanden werden. Wir warteten ungeduldig und quengelten entsprechend, doch unserer Mutter fiel so einiges ein, womit sie uns beschäftigen konnte. Denn wie das so ist, beim traditionellen Osterfest: Es gab immer viel vorzubereiten, zu kochen und zu backen – und dabei ist es auf dem Land bis heute geblieben.

Es beginnt mit dem **Gründonnerstag**, dem Donnerstag vor Ostern, der mit der Farbe Grün ursprünglich nichts gemein hat, sondern mit »gronan«, dem mittelhochdeutschen Wort für »weinen« – weil Jesus am Ende dieses Tages verraten und schließlich gefangen genommen wurde. Trotzdem wurde es Brauch, sich an diesem Tag mit einer

Marlies erzählt

Der Eifer, mit dem die Kleinen alle Winkel durchstöbern, erinnert mich an meine eigene Kinderzeit. Damals war kein Ostereier-Versteck vor meinem Bruder und mir sicher.

Kräutersuppe zu stärken. Dafür sammle ich schon frühmorgens neunerlei Grün auf der Wiese und im Garten ein.

Warum es gerade neun Kräuter für die Suppe sein müssen? Die Antwort ist ganz einfach: Da ist Magie im Spiel. Drei Wünsche erfüllt die gute Fee im Märchen, aller guten Dinge sind drei, sagt der Volksmund. Und natürlich waren es auch die ersten drei Frühlingsblumen, die man einst hinunterschlucken musste, um das ganze Jahr über gesund zu bleiben. Wer aber ganz auf Nummer sicher gehen wollte, pflückte lieber neun Frühlingskräuter. Denn die Neun ist eine dreifache Drei und lässt so auf noch stärkere Wirkung hoffen. Das ist auch der Grund, warum die traditionelle Gründonnerstagssuppe aus neun verschiedenen Frühlingsboten gekocht wird.

Der **Karfreitag**, der Todestag Christi, ist ein Tag der Trauer und der Stille. Stille? Einerseits schon, denn die Stimmung ist gedämpft, und sogar die

Kirchenglocken schweigen. Dafür aber ziehen die Ministranten mit hölzernen Instrumenten, den Ratschen, durch viele Dörfer am Alpenrand, um lautstark an Gebetszeiten und Andachten zu erinnern. Dem alles durchdringenden Klappern und Lärmen kann sich kaum einer entziehen. Vor allem dann nicht, wenn die Kinder vor der Tür stehen, um sich für ihren Fleiß entlohnen zu lassen – mit Ostereiern, Süßigkeiten oder kleinen Geldgeschenken. Nach dem aufgesagten Sprüchlein wird noch mal kräftig geratscht, und spätestens jetzt ist jedem Zuhörer klar, dass Klappern nicht nur zum Handwerk, sondern auch in die Karwoche gehört.

Karfreitag ist traditionell Fischtag. Am **Karsamstag** stellte Mutter meist in aller Eile gekochte Kartoffeln mit Butter auf den Tisch. Da war schließlich noch so viel zu tun: Es wurde gewienert und geputzt, bis alles blitzblank war, auch der Stall und das Vieh. Und außerdem lief, sehr zur Freude von uns Kindern, endlich auch die Osterbäckerei auf Hochtouren.

Solange wir noch an den Osterhasen glaubten, fand das Eierfärben allerdings ohne uns statt. Mutter wartete damit, bis wir im Bett waren. Nach gutem alten Brauch mit Zwiebelschalen, Blaukraut und Kamillentee färbe ich auch heute noch die Ostereier. Und das Ergebnis kann sich sehen lassen: Naturtöne sind nicht so grell, sie passen alle wunderbar zusammen, und kein Ei sieht wie das andere aus. Zugegeben, ein wenig Zeit und Experimentierlust braucht das Färben mit Zutaten aus Garten und Wiese schon. Denn ob Goldbraun, Bordeauxrot, Buttergelb oder doch eher Ocker, Blauviolett und Gelbgrün dabei

herauskommen, das weiß man beim Färben mit natürlichen Mitteln vorher nie so genau. Aber dafür macht das Herumprobieren großen Spaß.

Ein Osterfest ohne Hefezopf und Osterlamm war bei uns daheim einfach undenkbar – und nach der langen Fastenzeit freute sich schon jeder auf das üppige Frühstück am **Ostersonntag.** Doch zuvor ging's in die Kirche, mit dabei ein Henkelkörbchen, in dem das selbst gebackene Osterlamm, einige Scheiben von Brot und Osterzopf, außerdem Schinken, Salz und ein paar gefärbte Ostereier Platz fanden. Das alles trugen wir Kinder vor zum Altar und holten es nach der Messe wieder ab – mit Weihwasser und dem priesterlichen Segen versehen. Damit die Weihe selbst durch harte Eierschalen dringen konnte, wurden vorsichtshalber nur Ostereier mitgenommen, die beim Färben einen Knacks abbekommen hatten. Beim Osterfrühstück achtete die Mutter dann darauf, dass der Körbcheninhalt – und damit auch Glück und Segen – gerecht an alle verteilt wurde. Selbst unser Vieh ging nicht leer aus: Jede Kuh bekam ein Stückchen Brot aus dem Körbchen und ein wenig geweihtes Salz, damit sie übers Jahr gesund blieb.

Auch wenn die Zeit vor Ostern manchmal knapp wird, ein Vergnügen lasse ich mir nie entgehen: Den Spaziergang durch die Frühlingslandschaft. Dabei schneide ich Palmkätzchen-Zweige und pflücke Schlüsselblumen. Ich grabe kleine Tuffs von Veilchen und Gänseblümchen aus, um sie nachher in ausgeblasene Gänseeier zu pflanzen. Das versetzt mich in allerschönste Frühlingsstimmung, und meine Hasenplätzchen gelingen danach noch viel besser.

Bunte Grüße vom Osterhasen

Eier mit Hilfe von Wiesenkräutern und Gartenpflanzen selber färben – das geht kinderleicht:

■ **Womit?** Zum Beispiel mit Holunderbeersaft, Früchtetee, Roter Bete, Johanniskrauttee, Blaubeeren, Zwiebelschalen, Kamillentee.

■ **Wie?** Tiefgekühlte Beeren, frische Blüten und Pflanzenteile (bei Bedarf zerkleinert und geraspelt) je rund 30 Minuten im Wasser auskochen. Dann den Farbsud durch ein Sieb filtern, die Eier zugeben und in 10 Minuten hart kochen. Getrocknete Pflanzen, Wurzeln, Rinden erst mehrere Stunden einweichen, bevor man sie zusammen mit dem Einweichwasser auf den Herd stellt.

■ **Wie viel?** Für 1 l Wasser benötigt man 2 bis 3 Hände voll Zwiebelschalen, 10 bis 12 Esslöffel Teekraut, 250 Gramm Rote Bete bzw. frische Beeren, oder man verwendet 1 Liter unverdünnten Beerensaft.

Noch ein Tipp: Mit zarten Blüten und Blättern lässt sich der Frühling aufs Osterei zaubern:

■ Blatt oder Blüte auf der Oberseite anfeuchten und vorsichtig auf das rohe Ei drücken. Noch besser hält's mit einem kleinen Klacks Eiweiß.

■ Nun bindet man ein 10 cm langes Stück Nylonstrumpf an einem Ende mit einer Schnur fest zu und stülpt es über das Ei. Dabei alle Pflanzenteile mit dem Finger festhalten, damit nichts verrutscht.

■ Jetzt den Strumpf schön glatt ziehen und das zweite Ende zuschnüren. Das Ganze muss straff sitzen!

■ Nach 10 Minuten Kochzeit im Farbbad braucht das Osterei nur noch zu trocknen (der Föhn hilft dabei), dann Strumpf, Blatt oder Blüte abnehmen. Und siehe da: Schon hat man ein wunderbar gemustertes buntes Ei!

Ab ins Körbchen

Neun verschiedene Frühlingskräuter gehören in eine »richtige« Gründonnerstagssuppe. Marlies Heinritzi hat diese grünen und blühenden Nesthocker dafür ausgesucht (im Uhrzeigersinn, oben angefangen):

Kleine runde Blätter vom **Scharbockskraut,** hellgelbe Blüten der **Schlüsselblume,** fein gefiedertes **Kerbel**-Grün, gezähntes **Löwenzahn**-Laub, ein Bündel **Schnittlauch**-Röllchen, ein Büschel **Thymian**-Stängel, **Bärlauch,** der an Tulpenblätter erinnert, daneben **Gänseblümchen**-Blüten in Rot und die im Austrieb noch wenig gekerbten, lanzenförmigen Blätter der **Knoblauchsrauke.**

Neun-Kräuter-Suppe

Für 4 Portionen

¼ Zwiebel, fein gewürfelt
80 g Butter
2 gehäufte EL Mehl
1 l Gemüsebrühe
1 große Tasse fein gehackter Kräuter
1 Schuss Sahne
Salz, Pfeffer und Muskat zum
    Abschmecken
Gänseblümchen zur Dekoration

◼ Die Zwiebelwürfel in Butter andünsten, Mehl darüberstäuben und unter Rühren kurz anschwitzen.

◼ Mit der Brühe ablöschen und bei milder Hitze 10 Minuten köcheln lassen.

◼ Dann die Kräuter zugeben, kurz durchziehen lassen (nicht mehr aufkochen).

◼ Sahne dazugießen, mit Salz, Pfeffer und Muskat abschmecken und mit Gänseblümchen-Blüten garniert servieren.

MARLIES' TIPP

Hauptsache Neune

»Wenn man die Frühlingskräuter aus dem Rezept nicht alle zur Hand hat, dann wählt man eben andere. Wie wär's zum Beispiel mit Giersch, Schafgarbe, Wiesen-Schaumkraut, Sauerampfer, Brennnessel, Spitzwegerich oder Petersilie?«

Hasenöhrchen

Für 15 Stück

300 g Mehl
1 Prise Salz
80 g Zucker
½ TL geriebene Bio-Zitronenschale
80 g weiche Butter (in Stückchen)
2 Eier
3 EL Sauerrahm
Butterschmalz zum Ausbacken

■ Das Mehl auf ein Nudelbrett sieben, Salz, Zucker, geriebene Zitronenschale und Butterstückchen darüberstreuen.

■ In die Mitte eine Mulde drücken, Eier und Sauerrahm hineingeben.

■ Alles zu einem Teig verarbeiten und kurz durchkneten. Anschließend 30 Minuten, eingepackt in Frischhaltefolie, kalt stellen.

■ Dann den Teig auf 3 mm Stärke auswalken und mit einem Teigrad Quadrate ausrollen (Seitenlänge 12–14 cm).

■ Jedes Quadrat wiederum diagonal in 2 Dreiecke teilen. Dann die Hasenöhrchen in heißem Butterschmalz hellbraun ausbacken.

Die knusprigen Hasenöhrchen passen wunderbar zur Gründonnerstagssuppe.

Osterkränzchen

Für 3 Kränzchen

500 g Mehl
30 g Hefe
⅛ l Milch
50 g Zucker
2 Eier
100 g weiche Butter
  (in Stückchen)
1 Prise Salz
abgeriebene Schale von
  1 Bio-Zitrone
100 g Rosinen
100 g gestiftelte Mandeln
flüssige Butter zum Bestreichen
Mandelblättchen und
  Puderzucker zum Bestreuen
3 hart gekochte bunte Ostereier

■ Das Mehl auf ein Backbrett sieben und eine Mulde hineindrücken. Darin aus zerbröselter Hefe, lauwarmer Milch und einer Prise Zucker einen Vorteig ansetzen.

■ Restliche Zutaten – bis auf Eier und Butter – gleichmäßig außen herum verteilen und warten, bis der Vorteig aufgeht und Blasen wirft.

■ Dann die Eier und die Butterstückchen dazugeben und alles zu einem Teig verkneten.

■ Den Hefeteig in drei Teile teilen und diese wiederum dritteln. Dann die insgesamt neun Portionen zu Rollen formen und drei Mini-Zöpfe flechten.

Osterlamm

Für 1 Lamm

3 Eier
80 g Butter
80 g Zucker
1 Päckchen Vanillezucker
80 g Mehl
80 g Speisestärke
1 TL Backpulver
80 g gemahlene Nüsse
1 Prise Salz
etwas Butter und Mehl
  für die Backform
2 Wacholderbeeren für die Augen
Puderzucker zum Bestreuen

■ Eier zusammen mit Butter, Zucker und Vanille-zucker schaumig rühren.

■ Mehl, Speisestärke und Backpulver in einer Schüssel mischen und dann zur Schaummasse geben. Nüsse und Salz unterrühren.

■ Backform gut fetten, mit Mehl bestäuben und mit der Teigmasse bis 2 cm unter dem Rand befüllen (die Masse geht beim Backen noch auf).

■ Form im vorgeheizten Backofen bei 175 °C auf der unteren Schiene 45 Minuten backen.

■ Backform auskühlen lassen, vorsichtig öffnen und das Osterlamm herauslösen. Nach dem Abkühlen Wacholderbeeren als Augen platzieren und das Lamm mit Puderzucker bestäuben.

■ Die Zöpfe zu Kränzen legen, zum besseren Halt die Enden unterschieben. Danach zugedeckt 15 Minuten gehen lassen.

■ Zur Probe in die Mitte ein Osterei einpassen (danach wieder entfernen).

■ Die Kränze mit Butter bestreichen und bei 175 °C im vorgeheizten Backofen ca. 30 Minuten backen. Nach dem Abkühlen nochmals mit flüssiger Butter bestreichen und jeweils ein Osterei in die Mitte legen.

Hasenplätzchen

**Für 20 bis 40 Plätzchen
(je nach Größe der Ausstechformen)**

200 g Mehl
⅓ Päckchen Backpulver
80 g Puderzucker
1 Päckchen Vanillezucker
80 g weiche Butter (in Stückchen)
2 Eigelb
2 EL Milch
1 Prise Salz
etwas Mehl zum Ausrollen

Für die Zuckerglasur:

100 g Puderzucker
etwas Zitronensaft
Kakao
bunte Zuckerperlen oder
  Schokostreusel (nach Belieben)

Für den Teig:

■ Mehl mit Backpulver vermischen und in eine Rührschüssel sieben. Puderzucker und Vanillezucker mischen und unterrühren.

■ Die restlichen Zutaten zur Teigmasse geben und alles mit dem Knethaken des Handrührgeräts rasch zu einem glatten Teig verarbeiten.

■ Den Teig zu einer Kugel formen, in Frischhaltefolie einpacken und 2 Stunden kühl stellen.

■ Anschließend die Arbeitsfläche mit Mehl bestäuben und den Teig dünn ausrollen. Plätzchen ausstechen und auf einem mit Backpapier belegten Backblech verteilen.

■ Im vorgeheizten Backofen bei 180 °C auf mittlerer Schiene ca. 8 Minuten hellgelb backen.

■ Sofort aus dem Ofen nehmen, mit dem Backpapier auf ein Kuchengitter ziehen und abkühlen lassen.

Für die Zuckerglasur:

■ Puderzucker und wenig Zitronensaft miteinander verrühren (Masse darf nicht zu flüssig werden). Die Hälfte der Glasur mit etwas Kakao schokoladenbraun färben.

■ Aus Butterbrotpapier 2 kleine Spritztüten drehen und mit Glasur befüllen, dann eine feine Öffnung in die Spitze schneiden und die Häschen nach Lust und Laune weiß bzw. braun verzieren.

■ Anschließend nach Geschmack Schokostreusel und Zuckerperlen darüberstreuen.

Ei, Ei, Ei …

Es ist Ostersonntag-Nachmittag, die Großen sitzen bei Kaffee und Osterzopf und schwelgen in alten Geschichten. Und die Kinder? Die haben vom Ostereiersuchen ein volles Körbchen und gehen spielen:

■ **Eierpicken:** Zwei Kinder stehen sich gegenüber – jedes hält ein gekochtes Osterei in der Hand. Auf »Los!« stoßen sie die spitzen Enden der Eier gegeneinander. Sieger ist, wessen Ei dabei ganz bleibt. Er bekommt das zerdrückte des Verlierers und darf den nächsten Mitspieler herausfordern.

■ **Eierprellen:** An eine Kiste oder einen Stuhl werden nebeneinander zwei Rechenstiele schräg angelehnt, sodass eine Art Rinne entsteht. Dort hinunter lässt jeder Mitspieler sein Ei kullern und platziert, sobald es ruhig liegt, eine Kupfermünze darauf. Fällt sie herunter, weil ein anderes herab-

rollendes Ei einen Treffer landet, ist der Einsatz verloren. Berührt ein Ei beim Herabkullern gleich mehrere herumliegende Eier, dann steckt sein Besitzer eine richtig satte »Siegerprämie« ein.

■ **Eierlaufen:** Zunächst werden Start und Ziel bestimmt. Dann legt jedes Kind ein Ei auf einen Suppenlöffel und läuft mit den anderen um die Wette aufs Ziel zu. Wer das – mit Ei! – als Erster erreicht, ist Sieger und bekommt die Eier der anderen.

■ **Das Gelbe vom Ei:** Nach dem Spielen werden all die eingedellten Eier gemeinsam verputzt. Welche Freude, wenn der Dotter schön gelb ist, dann hat man ein »Engelchen« erwischt. Dunkel gefärbte Dotter – die »Teufelchen« – erwecken weniger Begeisterung. Aber schmecken tun sie natürlich genauso gut.

BROTDUFT LIEGT IN DER LUFT

Wie Brot gebacken wird, wusste früher (fast) jeder. Marlies Heinritzi lässt die Backkunst vergangener Zeiten wieder aufleben. Egal, ob mit traditionellen Brotkräutern oder frischem Wiesengrün gewürzt: Das schmeckt nach mehr!

Aufgeregtes Schwatzen, erwartungsvolles Schnuppern: Ein- bis zweimal die Woche drängen sich auffällig viele Menschen um das alte Backhaus im Freilichtmuseum Glentleiten herum und interessieren sich für das, was in seinem Innern vorgeht. Damit ist klar: Heute ist Backtag!

Dass das kleine, rund 150 Jahre alte Gebäude noch einmal so zu Ehren kommen würde, hätte sich wohl niemand träumen lassen, der es halb verfallen an seinem ursprünglichen Standort stehen sah. Doch nun ist es wieder bestens in Form und spielt immer donnerstags und jeden vierten Samstag im Monat die Hauptrolle. Aber auch wer kein eigenes Backhäuschen hat, muss nicht auf selbst gemachtes Brot verzichten. Ein ganz normaler Backofen reicht dafür völlig aus.

Backtag

Ihr Brot buk die Bäuerin früher ein Mal die Woche oder alle 14 Tage. War die Familie groß und gab es mehrere Bedienstete auf dem Hof, dann wurden bis zu 20 Sauerteig-Laibe gleichzeitig in den Ofen geschoben. Frauen, die keinen eigenen Steinbackofen besaßen, trafen sich an festgelegten Tagen am Backhaus der Dorfgemeinschaft, das meist mitten im Ortskern stand. In welcher Reihenfolge man dort die Brotlaibe backen durfte, wurde jedes Mal neu ausgelost. Oft sogar im Beisein des Bürgermeisters, damit es nicht zu Streitigkeiten kam.

Genau wie damals, beginnen bei uns auch heute noch die **Vorbereitungen** schon am Abend zuvor – mit dem Einschichten einer großen Menge von Holzscheiten. Die müssen dann am kommenden Morgen nur noch angezündet werden, und bald qualmt es so heftig aus sämtlichen Öffnungen des Häuschens, dass Nichteingeweihte fast versucht sind, die Feuerwehr zu rufen. Nach einer Weile treffen die 60 backfertigen Sauerteig-Laibe ein. Damit sie ihr gleichmäßiges Rund behalten, hat man sie gleich nach dem Formen in Körbe aus Peddigrohr gelegt. Wenn man die zuvor mit Mehl bestäubt, lassen sie sich später gut vom Teig lösen und prägen der Brotkruste trotzdem ihr hübsches Flechtmuster auf.

Um zu wissen, wann der Ofen genügend Hitze hat, ist Erfahrung und Fingerspitzengefühl gefragt. Schließlich braucht es die **perfekte**

Temperatur, wenn die ersten Teiglinge hineingeschoben werden. Entscheidungshilfe gibt ein Stück Papier, das man auf den Boden des Ofens legt. Wird es braun, fängt aber kein Feuer, dann ist die Hitze genau richtig. Schnell werden Glut und Asche beiseitegekehrt und die Brote bei rund 300 °C »eingeschossen«. Ohne Körbchen, versteht sich, aber mit Hilfe eines Holzschiebers.

Rund eineinhalb Stunden benötigen die Dreipfünder jetzt, bis sie fertig gebacken sind. Damit es bei allen gleichzeitig so weit ist, muss man die Laibe nach der Hälfte der Zeit aber noch mal umschichten. Denn vorne, hinten und in der Mitte ist der Ofen unterschiedlich heiß. Bei der Gelegenheit werden auch alle mit kaltem Wasser bepinselt, damit die Kruste hinterher schön glänzt. Die **Klopfprobe** verrät, ob das Brot fertig ist. Ein hoher Klang zeigt an, dass man es aus dem Ofen ziehen kann, klingt es dumpf, braucht es noch ein Weilchen.

Aber schließlich ist es doch so weit, und es kommt Bewegung in die Sache: Glühend heiß und knusprig braun verlässt das Brot den Backofen und wird nur noch rasch ein zweites Mal mit Wasser abgebürstet. Wie das duftet! Und was macht man nun als Zuschauer, wenn einem das Wasser im Munde zusammenläuft? Ganz einfach, man ersteht eines der Holsofenbrote und leiht sich ein Messer, um sich sofort eine **Kostprobe** abzuschneiden. Dafür habe ich volles Verständnis, ich kann dem würzigen Aroma nämlich genauso wenig widerstehen. Ganz gleich, wie viel ich zu tun habe, eine Scheibe frisches Brot mit Butter drauf muss einfach sein.

Für alle, die nicht gerade auf der Glentleiten vorbeikommen, aber dennoch in diesen besonderen Genuss kommen möchten: Echtes Sauerteigbrot und frische Frühstückssemmeln kann man auch **selber backen!** Und zwar zu Hause, im Backrohr. Wie's schmeckt, hängt nicht allein von einem guten Brotteig-Rezept ab, sondern auch von den zugegebenen Kräutern und Gewürzen: »Fünferlei müssen es sein«, lernte ich von einer alten Bäuerin, die neben Koriander, Kümmel, Fenchel und Anis zusätzlich Brotklee in ihren Teig mischt. Letzterer ist übrigens das Würzgeheimnis des Vinschgauer Fladens und vieler anderer Südtiroler Brotsorten.

Brotklee, bei manchem unter dem Namen Schabziegerklee bekannt, passt wunderbar zu roggenhaltigen, rustikalen Broten, hat aber einen so intensiven Geschmack, dass man nur ganz wenig davon zugeben darf. Das einjährige Gewächs stammt aus dem östlichen Mittelmeerraum, fand jedoch in Südtirol so ideale Anbaubedingungen, dass es zur Blütezeit im Juni und Juli viele Äcker in ein hellblaues Blütenmeer verwandelt. Und in meinem Garten blüht es auch.

Brotgewürzmischungen mit und ohne Schabziegerklee gibt's fertig zu kaufen. Wer will, kann seinem Brot aber auch eine ganz eigene, unverwechselbare Geschmacksnote aufprägen. Zum Beispiel durch die Zugabe von Mohnsamen, Nüssen, Sonnenblumen- und Kürbiskernen. Oder wie wär's statt getrockneter Aromen zur Abwechslung mal mit frühlingsfrischen Wiesenkräutern? Mein derzeitiger Favorit ist die **Brennnessel.** Auch wenn man die jungen Triebe am besten mit Handschuhen erntet, vor ihren Brennhaaren muss sich beim Essen keiner fürchten. Deren Wirkung verflüchtigt sich nämlich schon beim Verarbeiten.

Vogelmiere-Semmeln schmecken ebenfalls sehr gut. Mit ihrer hübschen grünen Farbe sind sie der Hit bei jedem Sonntagsfrühstück. Und auch wenn's mancher nicht glauben mag: Junge Blätter von der Knoblauchsrauke, von Giersch und Löwenzahn passen genauso wunderbar ins Selbstgebackene.

Marlies erzählt

Ganz gleich, wie viel ich zu tun habe, eine Scheibe frisches Brot mit Butter drauf muss einfach sein.

Bauernbrot mit frischem Grün

Für 2 Brotlaibe à 1 Kilo

3 Handvoll junge Brennnesseltriebe
1300 g Dinkelmehl
700 g Roggenmehl
1 Würfel (à 42 g) frische bzw. 2 Packungen Trockenhefe
1,4 l kaltes Wasser
1 TL Honig
60 g Sauerteig
60 g Salz
2 TL gemahlener Brotklee (Bioladen)

■ Brennnesselkraut kurz in Wasser schwenken, trocken tupfen und sehr fein hacken.

■ Das gesamte Mehl in eine flache, breite Schüssel geben und in die Mitte eine Mulde drücken.

■ Dort hinein die Hefe bröseln und mit 100 ml Wasser, Honig und etwas Mehl vom Rand einen Vorteig herstellen. Die Schüssel mit einem Geschirrtuch abdecken und 30 Minuten zimmerwarm stellen.

■ Dann die restlichen Zutaten zugeben und alles mit dem Vorteig verkneten, von Hand oder mit dem Handrührgerät (Knethaken).

■ Danach 30 Minuten zugedeckt an einem warmen Platz stehen lassen, durchkneten und schließlich 2 Brotlaibe formen.

■ Diese noch einmal 30 Minuten gehen lassen, dann kreuz-, stern- oder gitterförmig einschneiden, mit kaltem Wasser einpinseln und in den auf 220 °C vorgeheizten Backofen schieben.

■ Insgesamt 45 Minuten backen: Nach 15 Minuten die Temperatur auf 170 °C reduzieren, nach weiteren 25 Minuten Ofen ganz ausschalten und 5 Minuten später das Brot herausnehmen.

Kleines Sauerteig-Einmaleins

■ **Was er kann:** Sauerteig enthält Milchsäurebakterien und Hefepilze und ist eine Entdeckung der alten Ägypter. Er lockert das Brot, verleiht ihm einen herzhaften Geschmack und sorgt dafür, dass es leicht verdaulich ist und nicht so schnell schimmelt. Man verwendet ihn vor allem für dunkle Brote. Roggenbrot kommt ohne ihn gar nicht aus: Der Teig würde nicht aufgehen, sondern ganz flach bleiben.

■ **Wo es ihn gibt:** Reformhäuser bieten ihn in pulverisierter oder flüssiger Form an, man kann ihn aber auch im Internet bestellen (siehe Seite 185). Oder man besorgt ihn sich frisch vom Bäcker.

■ **Wie man ihn auf Vorrat hält:** Wer einmal die Woche sein Brot selber bäckt, für den lohnt es sich, an jedem Backtag eine Handvoll Teig zurückzubehalten und in einem Plastikgefäß mit Deckel im Kühlschrank aufzubewahren. Rund 24 Stunden vor der nächsten Backaktion wird der Teig in einer Schüssel mit etwas lauwarmem Wasser verquirlt (Schneebesen), sodass ein dickflüssiges Teiglein entsteht. Das lässt man 24 Stunden ruhen – und schon kann's wieder losgehen mit dem Brotbacken.

Frühlingssemmeln

Für 20 Semmeln

- 500 g Weizenmehl
- ½ TL Salz
- 1 Päckchen Backpulver
- 100 g Butter
- 2 Handvoll frische Kräuter (Vogelmiere, Knoblauchsrauke, Rote Melde oder ersatzweise junges Löwenzahngrün)
- ¼ l lauwarme Milch

■ Mehl, Salz und Backpulver in einer Schüssel vermengen und Butter in Flöckchen darüberstreuen.

■ Kräuter in feine Streifen schneiden.

■ Kräuter und Milch mit dem Pürierstab kurz auf höchster Stufe mixen, bis die Milch grün ist.

■ In die Schüssel mit den restlichen Zutaten gießen und mit dem Handrührgerät (Knethaken) zu einem Teig verarbeiten. Bei Bedarf Mehl oder Flüssigkeit zugeben, bis sich der Teig leicht von der Schüssel löst.

■ Aus dem Teig 2 Rollen mit etwa 8 cm Durchmesser formen und jeweils in 10 fingerdicke Stücke teilen.

■ Diese mit sanftem Druck zu Kugeln rollen.

■ Die Teigkugeln auf der Oberseite mithilfe einer Schere kreuzweise einschneiden und auf ein mit Backpapier belegtes Blech legen.

■ Die Semmeln in den auf 220 °C vorgeheizten Backofen schieben. Nach 10 Minuten Backzeit die Temperatur auf 200 °C reduzieren und die Semmeln nach weiteren 10–15 Minuten aus dem Ofen nehmen.

Frisches Grün von der Wiese

Koriander, Kümmel & Co. als Brotgewürz kennt jeder, aber wie wär's denn mal mit:

■ **Brennnessel:** Sie enthält dreimal so viel Eisen wie Spinat, sechsmal so viel Kalzium wie Kuhmilch, siebenmal so viel Vitamin C wie Orangen und gehört zu den ältesten Heilkräutern der Menschheit. In Krisenzeiten trug sie sogar zum Überleben bei. Inzwischen ist das einstige Arme-Leute-Essen auch in der modernen Küche angekommen. Die jungen würzigen Blätter und die Samen mit Nussgeschmack passen aber nicht nur zu Tarte und Risotto, sondern ebenso ins Brot.

■ **Giersch:** Unkraut vergeht nicht – diesem Spruch hat vermutlich der Giersch Pate gestanden. Anstatt sich jedoch ausschließlich über ihn zu ärgern, könnte man ihn einfach mal essen – und befindet sich damit in bester Gesellschaft. Denn einst kam er sogar »bei Königs« auf den Tisch. Ob man damals schon ahnte, dass er so gesund ist und deutlich mehr Vitamin C und Provitamin A enthält als Kopfsalat? Im Brot mitgebacken, sorgt er für einen Hauch von Karotte und Petersilie.

■ **Knoblauchsrauke:** Bei den Engländern war das senfölhaltige Wildkraut schon immer besonders beliebt. Einst streuten sie es sich in den Salat, aber sie essen es auch heute noch gern – zum Beispiel im Sandwich. Die Pflanze mit dem zarten Knofel- und Kressearoma passt jedoch ebenso gut zu kalten Soßen, in den Kräuterquark und fein geschnitten aufs Butterbrot. Oder wie wär's zur Abwechslung mal im Brot? Probieren lohnt sich!

■ **Vogelmiere:** Kanarienvögel und Wellensittiche haben die hellgrünen Blättchen und die weißen sternförmigen Blütchen zum Fressen gern. Aber das unscheinbare Kräutlein mit dem Geschmack nach jungem Mais verdient auch einen Platz in der Küche. Es verfeinert fast das ganze Jahr über Salate, Suppen und Gemüse. Nudel- und Brotteig verleiht die Vogelmiere neben ihrem Aroma sogar noch eine adrette grüne Farbe.

■ **Gartenmelde:** Sie ist eine unserer ältesten Kulturpflanzen. Allerdings verdrängte der Spinat die einjährige, hochgewachsene Pflanze irgendwann aus den Beeten. Aber die Rote Melde gibt es noch. Ihre Blätter und Triebe schmecken besonders mild und zart. Kinder und Erwachsene, die keinen Spinat mögen, freunden sich oft mit diesem Gemüse an. Und auch im Brot ist sie ein wahrer Genuss.

FRÜHSOMMER

SOMMER
ZUM VERNASCHEN

Im Juni haben Bienen und Marlies Heinritzi gemeinsame Vorlieben – nämlich Holunder, Rose und Linde. Die duften jetzt um die Wette, füllen mit ihrem Nektar die Honigwaben und bereichern mit ihren zarten Blüten auch jede Küche.

Wenn der Sommer jung ist, verwandelt sich die Welt ringsumher in ein Potpourri aus Düften: Es riecht nach frisch gemähtem Gras und würzigen Kräutern, nach Wiesen voller Blumen, nach jungen Fichtennadeln und reifen Walderdbeeren. Und wer der Nase weiter folgt, steht früher oder später vor einer neuen überraschenden Duftquelle: Rosen.

In Hülle und Fülle bevölkern sie direkt neben meinem Kramerladen die Beete eines kleinen Gartens, der fast schon aus den Nähten zu platzen droht. Gibt es überhaupt jemanden, der dem

verführerischen Aroma von Zentifolien, Damaszener- und Moschus-Rosen widerstehen kann? Mir gelingt es nicht – und deshalb ist für mich der Rosenmonat Juni eine Zeit der Umwege und Abstecher. Egal, ob ich von den Almen komme und in den Kramerladen will, oder ob ich nach einer Kräuterführung im Biergarten nach dem Rechten sehe, immer muss ich zuerst auf einen Sprung bei den Rosen vorbei. Und abends nehme ich mir schon mal eine der frisch geöffneten Blüten mit nach Hause – einfach so, zum Dran-Riechen, Fühlen und Anschauen, weil's so schön entspannt.

Rosenduft kann blumig oder fruchtig sein, er erinnert an Maiglöckchen und Lilien genauso wie an Zitronen und Erdbeeren. Nach Honig duftet allerdings nur die **Linde.** Wo man diesen typischen Baum der Dörfer auch heute noch findet, das ist im Juni leicht festzustellen: Man muss sich nur vom Summen der Bienen leiten lassen. Ein Lindenbaum lockt mit bis zu 60.000 Einzelblüten voller Nektar. Welche der kleinen Honigsammlerinnen kann dazu schon nein sagen? In unserer riesengroßen Linde daheim auf dem Hof waren immer gleich mehrere Bienenvölker unterwegs. An das gewaltige Brummen, verursacht von Tausenden kleiner Flügel, kann ich mich noch gut erinnern. Es klang fast wie Orgelbrausen.

Den heilkräftigen Tee der Linde kennt vermutlich jeder – doch Lindenblüten darf man auch essen. Der Gedanke ist für manchen vielleicht gewöhnungsbedürftig, aber man kann ja, etwa beim Kaiserschmarrn, mit wenigen Blüten anfangen und die Menge ganz nach Geschmack steigern. Linde ist übrigens nicht gleich Linde. Doch das spielt, kulinarisch gesehen, keine Rolle. Wer den süßen Honigduft im Lindenblütengelee konservieren will oder ihn dem Kaiserschmarrn unterhebt, kann sowohl die Anfang Juni aufblühende großblättrige Sommer-Linde wählen als auch die kleinblättrige Winter-Linde, die rund zwei Wochen später dran ist. Heilsame ätherische Öle, entzündungshemmende Schleimstoffe und magenberuhigende Gerbstoffe geben beide Arten ab.

Am **Holunder** und seinen rahmweißen Blütenwolken scheiden sich die Geister: Wenn seine Dolden zu welken beginnen, mag ich den Geruch nicht mehr. Aber frisch gepflückt, gibt es für meine Hollerblütenlimonade kaum etwas Feineres als das herb-süßliche Aroma des Frühsommerblühers. Auch Hollerkücherl nach altem Hausrezept kommen immer gut an. Dazu müssen die Blütendolden aber voll entwickelt sein. Es ist so weit, wenn die meisten der an Zuckerkügelchen erinnernden Knospen aufspringen und sich in winzige Sterne verwandeln.

Hat man den optimalen Erntezeitpunkt verpasst, bietet der Holunder seine heilkräftige Wirkung noch einmal an: Im Spätsommer sind die schwarzen Beeren reif, die ich zu Saft einkoche. Den Hollersaft gab's bei uns daheim, wenn wir Kinder

Marlies erzählt

Den Hollersaft gab's bei uns daheim, wenn wir Kinder Fieber hatten. Als Schwitzkur bei einer Erkältung sind für mich jedoch die Blüten unübertroffen.

Fieber hatten. Als Schwitzkur bei einer Erkältung sind für mich jedoch die Blüten unübertroffen. Die lassen sich leicht trocknen und ergeben einen wohlschmeckenden Tee. Aber wer will im Sommer schon an Halsweh und Schnupfen denken? Einen unbeschwerten Genuss versprechen ätherische Öle, Flavone und andere gesunde Inhaltsstoffe nämlich auch in kühler Kräuterlimo.

Doch zurück zu den Rosen: Wer glaubt, bei ihnen ginge es allein um die Sinnesfreude, der irrt: Dass die Blumenkönigin nicht nur der Seele guttut, sondern auch dem Körper, das wussten schon die Heiler der Antike.

Das steckt in der Rose

Die moderne Wissenschaft bestätigt: Die Wirkstoffe in den Rosenblüten stärken das Immunsystem, beruhigen Magen und Darm, vertreiben Müdigkeit und Reizbarkeit und helfen bei Schlafstörungen. Sogar eine chemische Verbindung, die glücklich macht, ist enthalten: Phenylethylamin. Den Namen muss man sich nicht merken – wohl aber, dass die hellen Stellen am Blütenblattansatz für kulinarische Zwecke entfernt werden müssen.

Stimmt, die schmecken nämlich bitter – und darum schneide ich sie vor dem Weiterverarbeiten mit einer Küchenschere ab. Am schnellsten geht's, wenn man gleich mehrere Blütenblätter übereinanderlegt. Die beste **Erntezeit** für Rosen ist übrigens früh am Morgen, sobald der Tau von den Blüten getrocknet ist. Im Laufe des Tages verflüchtigen

sich dann die über 30 ätherischen Öle, die den Duft und damit auch das Aroma ausmachen.

Zum Essen geeignet sind grundsätzlich alle **duftenden Rosen** – aber ungespritzt müssen sie sein. Dunkle und tiefrosafarbene Sorten verleihen Gerichten eine besonders schöne Farbe und machen sich auch gut im Gelee. Für meine ohnehin rote Rosen-Erdbeer-Soße, die ich mit Vanilleeis serviere, verwende ich aber auch gerne weiße oder zartrosafarbene Blüten. Das feinste Parfüm schreibt man übrigens den Zentifolien zu. Das sind die typischen Rosen alter Bauerngärten, deren üppige, dicht gefüllte Blüten auch als Motive auf alpenländischen Schränken und Truhen zu bewundern sind.

Doch einer meiner Favoriten – ›**Cardinal de Richelieu**‹ – steht ihnen, was den Duft angeht, in nichts nach: Eine Wolke aus süßem Früchtearoma, ein bisschen Harz und indischem Tee steigt aus den Blüten dieser Gallischen Rose auf, betört die Sinne – und lässt vor meinem geistigen Auge das Bild einer festlich gedeckten Kaffeetafel in Großmutters Garten erscheinen. Wie habe ich als Kind diese Sonntagnachmittage voller Rosenduft geliebt!

Doch genug mit dem Schwelgen in Kindheitserinnerungen, es gibt schließlich zu tun: Die gesammelten Blütenschätze warten schon in der Küche auf mich. Und das besonders Schöne dabei: Schwere Mehlspeisen verwandeln sich durch sie in blumenzarte Gaumenerlebnisse, Limonade ist plötzlich das Gesündeste, was man trinken kann, und wer hätte gedacht, dass sich auch Erwachsene wie kleine Kinder auf Kücherl und Eis freuen können.

Hollerkücherl

Für 10–12 Kücherl

1 kg Butterschmalz zum Ausbacken
200 g Mehl (Typ 550 oder Dinkelmehl)
2 Eier
1 Prise Salz
2 EL Öl
⅛ l Milch
⅛ l Weißwein
10 große bzw. 12 kleinere voll
    erblühte Holunderdolden (mit Stiel)
Zimtzucker

■ Das Butterschmalz in einen Topf oder in die Fritteuse geben und bei 180 °C schmelzen.

■ Mehl, Eier, Salz und Öl mit der Milch und dem Weißwein zu einem flüssigen Teig rühren.

■ Eine Holunderblüte am Stiel fassen und in den Teig tauchen, bis sie überall gut bedeckt ist. Anschließend im Schmalz goldgelb ausbacken.

■ Mit einer Gabel herausheben und auf Küchenkrepp abtropfen lassen.

■ Dann den Stiel abschneiden, das Hollerkücherl umdrehen und mit Zimtzucker bestreuen.

Liebling Holunder

Einst galt der Holunder als eine Art grüne Lebensversicherung, die allen Hilfesuchenden Schutz bot: Reisende nächtigten bevorzugt unter seinem Blätterdach, und auf dem Land pflanzte man den Holler als Hausbaum, um Blitzschlag und böse Geister fernzuhalten. Prompt sollte es nach altem Glauben Unglück bringen, wenn jemand den Strauch oder kleinen Baum fällte.

»Vor dem Holler sollst du den Hut ziehen«, hieß es stattdessen ehrfürchtig, und man nannte das Gehölz liebevoll »Herrgottsapotheke«. Auch die Kinder interessierten sich schon immer für den kleinen Baum: Das weiße, schwammig-weiche Mark im Innern der Zweige kann man nämlich leicht herauspulen und das Holz in Flöten und Blasrohre verwandeln. Unreife Beeren als Geschosse liefert der Strauch gleich mit.

MARLIES' TIPP
Aus meiner Trickkiste

»Ob das Fett die richtige Temperatur zum Ausbacken hat, teste ich mit ein paar Spritzern Wasser: Sprudelt's und kracht's, kann ich loslegen – Qualm verrät, dass die Hitze schon zu groß ist. Sind alle Hollerkücherl fertig, filtere ich das Butterschmalz durch ein Sieb und gieße es in einen Topf, den ich nicht ständig brauche. Dann lagere ich ihn kühl und dunkel und kann so das Schmalz noch öfter verwenden – etwa für weitere Mehlspeisen.«

Holunderblütensirup

Für 4 Liter Sirup

12 Blütendolden
3 Bio-Zitronen
2 kg Zucker
60 g Zitronensäure (Apotheke
    oder Lebensmittelladen)
2 l Wasser

■ Holunderdolden (Stiele einkürzen!) in ein
Gefäß mit Deckel legen. Zitronen waschen, in
Scheiben schneiden und zusammen mit Zucker
und Zitronensäure zu den Holunderblüten
geben.

■ Alles mit Wasser übergießen, durchrühren und
verschließen. Rund 24 Stunden stehen lassen
und gelegentlich umrühren.

■ Haben sich Zucker und Zitronensäure aufgelöst, kann man die Dolden und Zitronenscheiben
herausnehmen (gut ausdrücken!) und die Flüssigkeit absieben.

■ Den fertigen Sirup in Flaschen abfüllen.
Zum Servieren einen Schuss in ein Glas füllen
und mit Mineralwasser aufgießen. Sekt geht
natürlich auch.

MARLIES' TIPP

Vorrat fürs Jahr

*»Um selbst kleinste Blütenreste herauszufiltern, benutze ich
zum Absieben ein kochfestes Mulltuch, das genauso gut,
aber im Preis etwas günstiger ist als ein Seihtuch. Danach
hält der Sirup bis zu einem Jahr. Wer ganz auf Nummer
sicher gehen möchte, kann ihn nach dem Abfiltern noch
einmal kurz erhitzen (nicht kochen – weil sonst die Inhaltsstoffe zerstört werden) und heiß abfüllen.«*

Zarte Behandlung für zarte Blüten

Frisch geerntete Hollerblüten breitet man am besten im Freien auf einem Tuch aus. Kleine Insekten haben so Gelegenheit, das Weite zu suchen. Kräftiges Schütteln oder gar Waschen der Dolden geht auf Kosten des Aromas. Das gilt übrigens auch für alle anderen Blütenrezepte.

Mit Vorsicht genießen

Die grünen Pflanzenteile des Holunders, also Blätter, Rinde, Blütenstängel und unreife Beeren, enthalten das Gift Sambunigrin, das zu Erbrechen, Durchfall und Krämpfen führen kann. Reife Früchte sind zwar weitgehend frei davon, können bei sensiblen Menschen aber immer noch Übelkeit auslösen. Deshalb der gute Rat: Nur gekocht verzehren! Keine Angst jedoch beim Genuss der Blüten: Sie sind wirklich rundum gesund – nur die dicken grünen Stängel und Blätter sollte man nicht mitessen.

Lindenblütengelee

Für 6 Gläser à 200 ml

> 1 l voll erblühte Lindenblüten
> (im Messbecher gemessen)
> ¾ l Apfelsaft und Weißwein
> (nach Belieben gemischt)
> 500 g Gelierzucker (2:1)

■ Die Lindenblüten mit dem Saft-Wein-Gemisch übergießen und über Nacht im Kühlschrank ziehen lassen.

■ Am nächsten Tag die Flüssigkeit kurz erwärmen, durch ein Sieb gießen und mit dem Gelierzucker nach Angabe auf der Packung zu Gelee kochen.

■ Heiß in sauber ausgewaschene Schraubdeckel-Gläser füllen und 10 Minuten auf den Kopf stellen, um den Deckel zu sterilisieren (das beugt Schimmel vor).

MARLIES' TIPP

Ein Hauch von Süden

»Ein Schuss Limettensaft, vor dem Kochen zugegeben, verleiht dem Gelee Frische.«

Lindenblüten-Kaiserschmarrn

Für 2 Portionen

6 Eier
200 g Mehl
je 1 Prise Salz und Zucker
½ l Milch
Lindenblüten – Menge je nach
    Geschmack
50 g Butter

■ Die Eier trennen und das Eiweiß steif schlagen.

■ Dann Eigelbe, Mehl, Salz, Zucker und Milch zu einem dickflüssigen Teig verrühren.

■ Den Eischnee auf den Teig geben, einen Teil der frisch abgezupften Lindenblüten darüber verteilen und beides zusammen vorsichtig unterheben.

■ Danach Butter in einer Pfanne schmelzen und mit der Kelle eine etwa 1 cm dicke Teigschicht einfüllen, gut anbacken lassen.

■ Wenn der Teig unten angebräunt ist, wenden, in Stücke zerteilen und unter mehrmaligem Umdrehen alles rundum goldbraun backen.

■ Kurz bevor die Pfanne vom Herd kommt, etwas Zucker über den Kaiserschmarrn streuen. Das lässt ihn glänzen.

■ Zum Schluss mit den restlichen Lindenblü-ten bestreuen und heiß anrichten. Dazu gibt's Apfelmus.

Als Beilage eignen sich neben Apfelmus auch eingemachte Zwetschgen, Preiselbeeren oder gekochte Hollerbeeren.

Rosen-Erdbeer-Soße mit Vanilleeis

100 g Erdbeeren

20 g gezupfte Blütenblätter stark
 duftender Rosen (bitteren,
 hellen Blütenansatz entfernen)

35 g Zucker

1 TL Vanillezucker

Vanilleeis

Schokoraspel

▨ Erdbeeren waschen, putzen und geviertelt in
ein hohes Gefäß geben.

▨ Rosenblütenblätter, Zucker und Vanillezucker
dazugeben und alles zusammen mit einem
(Stab-)Mixer schaumig pürieren.

▨ Dann die Soße – mit zwei Kugeln Eis und
Schokoraspel garniert – auf einem Glasteller
anrichten.

MARLIES' TIPP

Mal was anderes

»Man kann die Soße auch aus Himbeeren machen. Die lasse ich dann aber einmal kurz mit wenig Wasser aufkochen
und streiche sie durch ein Sieb, um die Kerne zu entfernen.«

SÜSSE FRÜCHTCHEN FÜR ALLE!

Eine gute Nachricht für Naschkatzen und Leckermäuler: Es ist endlich wieder Obstkuchenzeit! Aber es kommt noch besser, denn Marlies Heinritzi verrät, wie man das Beste aus frisch gepflückten Kirschen und Beeren herausholt.

Von der Hand in den Mund leben: Das ist in diesen Wochen kein Armutszeugnis, sondern etwas, worauf viele schon ungeduldig gewartet haben. Denn jetzt beginnt endlich wieder das große Naschen. Am Boden, in den Sträuchern, auf dem Baum: Süße und feinsäuerliche Früchtchen überall! Die Erdbeeren waren die Ersten, aber inzwischen gibt es auch Johannisbeeren, Stachelbeeren und Himbeeren satt, und im Geäst reifen die ersten Kirschen. Frisch aus dem Garten schmeckt das alles besonders gut!

Das war mir schon von klein auf klar, und entsprechend sah ich aus: klebrige Finger, rotverschmierte Lippen, blaue Zunge. Auch der Anblick meiner Kleidung sprach Bände, und so musste man mich gar nicht erst fragen, wo ich wieder gewesen war – natürlich auf Beutezug in unserem großen Beerengarten, der gleich neben dem Obstgarten lag. Obwohl seitdem schon reichlich Zeit vergangen ist, nasche ich immer noch genauso gern. Nur dass man es mir zum Glück nicht mehr sofort ansieht.

Und auch das ist mir bis heute geblieben: Ich liebe **Streuselkuchen!** Für die süßen, knusprigen Krümel, die jeden schlichten Obstkuchen in einen Sonntagnachmittagstraum verwandeln, braucht man nichts

als Mehl, Butter, Zucker und Zimt. Und Klumpen ist diesmal ausdrücklich erlaubt. Obstkuchen ganz klassisch vom Blech und mit Streuseln obendrauf gelingt selbst Backanfängern und ist ideal fürs Kaffeetrinken in großer Runde oder auch für ein Gartenfest. Wenn man die Kuchenstücke etwas kleiner schneidet, kann man sie sogar ganz ungezwungen aus der Hand essen. Beeren und Kirschen geben dem süßen Teigboden die feine fruchtige Note. Dafür sammle ich in meinem Garten ein, was gerade so reift. Besonders gern aber plündere ich die Johannisbeersträucher: In Rot, Schwarz und Weiß treiben es die Beeren als Kuchenbelag nämlich richtig schön bunt.

Kein Bauerngarten ohne

In Österreich und Oberbayern heißen sie Ribisl, in Schwaben sagt man Träuble, und in der Schweiz pflückt man Meertrübli – **Johannisbeeren** fehlten früher in keinem Bauerngarten. Ihre säuerlichen Kugelfrüchtchen sind köstliche Vitaminspender. Am meisten steckt in den Schwarzen Johannisbeeren: Sie enthalten fünfmal so viel Vitamin C wie ihre roten Verwandten und dreimal so viel wie Zitronen, darüber hinaus Kalzium, Eisen und Kalium. Außerdem haben sie einen besonders hohen Gehalt an Anthocyanen. Diese Pflanzenfarbstoffe, die Beeren von rot bis blauschwarz tönen und sie vor Sonnenbrand bewahren, stärken im Menschen die Immunabwehr, beugen Herz-Kreislauf-Erkrankungen vor und schützen die Zellen vor vorzeitiger Alterung und Krebswachstum.

Auch auf der Glentleiten gedeihen **Johannisbeersträucher** – und die biegen sich jetzt gerade wieder unter ihrer köstlichen Last. Aber bestimmt nicht mehr lange, dann sind die süßsauren Früchtchen alle weg. Wer kann zu so einem Angebot schon nein sagen? Ob eigentlich die Kinder heute noch wissen, dass Johannisbeeren obendrein erstklassige Geschosse für Blasrohre abgeben? Schrecken und Flecken hundertprozentig garantiert!

Tief Luft holen, Backen aufblasen und … Im Kirschkern-Weitspucken kann sich der Nachwuchs jetzt ebenfalls üben. **Süßkirschen** bilden oft mächtige Bäume, und wenn die dann richtig voll hängen, liefern sie nicht nur zentnerweise Früchte, sondern eben auch jede Menge Kirschkerne. Die waren früher aber nicht nur zum Herumspucken da: Man säuberte und trocknete sie und füllte sie in Baumwoll-Säckchen. Auf dem Kachelofen oder im Backrohr erhitzt, war so ein Kirschkernkissen eine echte Wohltat bei Muskelverspannungen und rheumatischen Beschwerden. Ich verwende es immer noch gern – heiß als eine Art Wärmflasche, die sich jeder Körperform anpasst, oder frisch aus der Kühltruhe als Eisbeutel.

Meine Großmutter war eine begeisterte Kuchenbäckerin und ihr Guglhupf fast schon legendär. Besonders geliebt haben wir Kinder aber ihre **Rohrnudeln.** Doch auch die meinen gehen weg wie die sprichwörtlichen warmen Semmeln. In der Hauptsaison backe ich sie fast täglich, und vor allem die kleinen Gäste sind ganz wild auf ihr Geheimnis. Was sich wohl im Innern verbirgt? Darüber werden die abenteuerlichsten Vermutungen angestellt. Pst, Ihnen kann ich's ja sagen: Meine Rohrnudeln fülle ich um diese Jahreszeit mit Kirschen, frisch vom Baum. Erst im Spätsommer sind dann wieder die sonst üblichen Zwetschgen an der Reihe.

Obstkuchenzeit – viele warten darauf genauso sehnsüchtig wie ich. Denn endlich haben Stachelbeerbaiser, Johannisbeerkuchen und vieles andere mehr wieder Saison. Ein echter Renner ist auch der »Scheiterhaufen«. Macht man diesen »Resteverwerter« auf herkömmliche Art, besteht er aus altem Weißbrot und trockenen Semmeln. Weil aber immer mal Kuchen- oder Strudelanschnitte und gelegentlich etwas Hefegebäck übrig bleiben, habe ich daraus den Scheiterhaufen à la Marlies kreiert. Der ist nicht nur etwas süßer als gewöhnlich, sondern schmeckt auch feiner – weil darin so viele gute Zutaten aus der Kuchenbäckerei stecken. Und für seine fruchtige Note sorgen, passend zur Jahreszeit, frische Beeren und Kirschen.

Scheiterhaufen klassisch bäckt man für gewöhnlich in einer Auflaufform. Aber weil das Auge mitisst, forme ich aus den Zutaten auch gern kleine Törtchen. Die werden dann in einer traditionellen Pfitzaufform in den Ofen geschoben. Eigentlich ist der Pfitzauf ja eine Art luftiges Eiergebäck und hat in Baden-Württemberg schon eine jahrhundertelange Geschichte. Seine Backform aus glasiertem Ton eignet sich aber auch hervorragend, um darin kleine Scheiterhaufen-Törtchen zu backen.

Fruchtige Kuchen, nicht zu süß und »verkünstelt«, sind mir die allerliebsten. Dass Kirschen, Stachelbeeren & Co. nur so vor Vitaminen und wichtigen Inhaltsstoffen strotzen, ist wunderbar. Aber das Schönste an den Früchtchen ist doch der unvergleichliche **Geschmack:** Selbst einen ganzen Sommer lang wird es Gaumen und Zunge nie langweilig. Denn es schmeckt nicht nur jede Beerenart und jede Kirschsorte ein wenig anders – mit etwas Fantasie entstehen auch immer wieder ganz neue Köstlichkeiten. Da fällt mir ein: Haben Sie eigentlich schon mal ein selbst gemachtes Erdbeereis mit Pfefferminze probiert?

Marlies erzählt

Besonders gern aber plündere ich die Johannisbeersträucher: In Rot, Schwarz und Weiß treiben es die Beeren als Kuchenbelag nämlich richtig schön bunt.

Erdbeereis mit Pfefferminze

Für 6 Portionen

500 g Erdbeeren
6 Pfefferminzblätter
500 ml Milch
200 ml Schlagrahm
200 g Puderzucker, fein gesiebt

zum Dekorieren: eine Handvoll Wald-
oder Monatserdbeeren, 6 Zweiglein
Pfefferminze

■ Erdbeeren waschen und putzen, Pfefferminzblätter waschen, trocken tupfen und in feine
Streifen schneiden.

■ Alles in eine hohe Schüssel geben und zusammen mit den anderen Zutaten pürieren.

■ Anschließend die Masse in eine frostbestän-
dige Schale füllen und in das Eisfach stellen.

■ Nach etwa 1 Stunde mit dem Schneebesen
durchrühren – in den nächsten 30 Minuten dreimal wiederholen, damit das Eis nicht kristallisiert.

■ Aus dem fertigen Eis Kugeln formen und mit
den Mini-Erdbeeren und frischer Pfefferminze in
Glasschälchen anrichten.

Streuselkuchen mit Johannisbeeren

Für 12 Stücke

Für den Belag:

1 Päckchen Vanillepuddingpulver
½ l Milch
70 g Zucker
600 g Johannisbeeren –
  bunt gemischt
500 g Quark (20% Fett)
1 Päckchen Vanillezucker

Für den Teig:

400 g Mehl
2 Eier
175 g Butter (in Stückchen)
100 g Zucker
1 Messerspitze Backpulver
etwas Butter zum Einfetten
  des Backblechs

Für die Streusel:

200 g Mehl
150 g kalte Butter
150 g Zucker
1 TL Zimt

◼ Aus Puddingpulver, Milch und Zucker einen Vanillepudding kochen und abkühlen lassen. Öfter durchrühren, damit sich keine Haut bildet.

◼ Dann geht's weiter mit dem Teig: Mehl in eine Schüssel sieben, restliche Zutaten zugeben und alles von Hand, am besten mit Hilfe einer Teigkarte, verkneten.

◼ Den fertigen Teig aufs gefettete Backblech streichen und die Johannisbeeren von ihren Stielen befreien.

◼ Anschließend sämtliche Streuselzutaten in einer Schüssel zusammenkneten und zwischen den Händen zerbröseln.

◼ Ist der Vanillepudding abgekühlt, wird der Kuchenbelag fertiggestellt: Dazu in einer Schüssel Quark und Vanillezucker verrühren und den Pudding zugeben.

◼ Alles vermischen und auf dem Teig verteilen. Anschließend die Johannisbeeren darüberstreuen und als oberste Schicht die Streusel verteilen.

◼ Im vorgeheizten Backofen bei 180 °C etwa 50 Minuten backen.

Scheiterhaufen-Törtchen

Für 7 Törtchen

> 500 g altbackener Kuchen
> bzw. Hefegebäck (oder
> weniger süß: trockenes
> Weißbrot und Semmeln)
>
> 350 g gemischte Beeren und Kirschen
> 3 Eier
> 300 ml Milch

Für die Form:

> Zimtzucker (aus 50 g Zucker
> und ½ TL Zimt)
> etwas Butter
> Puderzucker zum Bestreuen

■ Backform einfetten und mit Zimtzucker ausstreuen (den Rest in einem Schraubglas aufbewahren).

■ Kuchen und Gebäck in feine Würfel schneiden. Obst putzen, entsteinen und, falls nötig, in
Stückchen zerteilen.

■ Kuchenwürfel und Früchte lagenweise in die
Backform schichten.

■ Ist diese halb gefüllt, mit dem Schneebesen oder
einer Gabel Eier und Milch verquirlen und die Hälfte
davon über das Teig-Frucht-Gemisch gießen.

■ Dann den Rest von Obst und Kuchen einschichten und die übrige Eier-Milch darüber
verteilen, bis alles gut durchtränkt ist.

■ Die Törtchen im auf 180 °C vorgeheizten Backofen 30 Minuten backen. Abkühlen lassen und
vor dem Servieren mit Puderzucker bestreuen.

MARLIES' TIPP

Was tun, wenn …

»Sie haben keine Pfitzaufform für die Törtchen? Macht
nichts! Eine gewöhnliche Muffin-Backform tut's auch. Wer
Scheiterhaufen lieber auf die klassische Art bäckt, verwendet eine Auflaufform. Dann braucht man aber die doppelte
Menge an Zutaten und 50 bis 60 Minuten Backzeit.«

Stachelbeerbaiser

Für 12 Stücke

Für den Teig:

200 g Butter
150 g Zucker
4 Eier
500 g feines Dinkelmehl
1 Päckchen Backpulver
100 ml Milch
500 g Stachelbeeren
Zimtzucker
etwas Butter fürs Backblech

Für das Baiser:

6 Eier
300 g Zucker

■ Für den Teig Butter, Zucker und Eier in eine Schüssel geben und mit dem Handmixer schaumig rühren.

■ Mehl und Backpulver miteinander vermischen und dann ebenfalls in die Teigmasse einrühren. Zum Schluss die Milch zugeben und alles zu einem geschmeidigen Teig mixen. Danach auf dem gefetteten Backblech verstreichen.

■ Beeren putzen, halbieren und auf dem Teig verteilen. Mit Zimtzucker bestreuen und im vorgeheizten Backofen bei 180 °C 40 Minuten backen.

■ In der Zwischenzeit fürs Baiser die Eier trennen und das Eiweiß steif schlagen. Dann den Zucker langsam einrieseln lassen, bis eine steife, glänzende, Spitzen ziehende Masse entsteht.

■ Kuchen aus dem Ofen nehmen und den Eischnee darauf verteilen. Noch mal 10 Minuten backen, bis der Eischnee schön gebräunt ist.

Viel besser als ihr Ruf

Die **wilde Stachelbeere** wächst fast in ganz Europa, am liebsten in lichten Wäldern. Die Büsche haben stark bestachelte Triebe, ihre Früchte sind erbsenklein, grün, hart und supersauer.

Grün, hart und supersauer – so hat mancher auch die deutlich größeren Früchte der **Garten-Stachelbeere** in Erinnerung. Komisch eigentlich, denn die züchterisch verbesserten Sorten gibt es ebenso in Rot und Gelb. Und sie enthalten mehr Zucker als sämtliche Beeren, die sonst in unseren Breiten gedeihen. Lediglich die Weintraube schafft es, sie zu übertrumpfen. Aber vielleicht stammt der saure Ruf der Garten-Stachelbeere ja noch aus Zeiten, als es üblich war, ihre Früchte schon halbreif für den Kuchen zu ernten?

Dann wissen wir es jetzt besser, aber Vorsicht beim Pflücken: Es gibt nämlich Sorten, die spicken ihre Zweige dicht an dicht mit Dornen – und kommen damit ganz nach ihrer wilden Mutter.

Rohrnudeln mit Kirschen

Für 12 Stück

500 g Mehl
1 Würfel frische Hefe (à 42 g)
200 ml lauwarme Milch
150 g Zucker
2 Eier
80 g Butter
1 Prise Salz
24 entsteinte Kirschen
Zimtzucker
etwas Butter für die Form

■ Auflaufform einfetten und mit Zimtzucker ausstreuen.

■ Aus allen oben angeführten Zutaten von Mehl bis Salz einen Hefeteig herstellen (wie auf Seite 24 bei »Osterkränzchen« beschrieben).

■ Dann den Teig in 12 Teile teilen, zu Kugeln drehen und anschließend flachdrücken.

■ Auf jedes Teigstück 2 entsteinte Kirschen legen und mit Zimtzucker bestreuen. Danach den Teig über die Kirschen ziehen, wieder zur Kugel formen und mit der glatten Seite nach oben in die Form setzen.

■ Zugedeckt 15 Minuten gehen lassen, bis sich die Rohrnudeln sichtlich vergrößert haben.

■ Dann im vorgeheizten Ofen bei 180 °C etwa 45 Minuten backen. Die Rohrnudeln sind fertig, wenn sie eine schöne braune Farbe angenommen haben. Wenn man darauf klopft, müssen sie hohl klingen.

Wussten Sie schon …?

… dass sich **Kirschgeschmack** aus lediglich drei Substanzen zusammensetzt, während das **Erdbeeraroma** aus rund 360 verschiedenen Stoffen besteht? Die könnten unterschiedlicher nicht sein. Was die Menschen beim Probieren herausschmecken, ist ein Mix aus Pfirsich, Karamell, Gummibärchen, Ziegenbock, Veilchenduft, Gras, Käse und mehr.

… dass die Weltmeisterschaft im **Kirschkern-Weitspucken** seit über 33 Jahren in Düren auf der Annakirmes stattfindet? Der Rekord liegt bei 21,71 m.

… dass die Engländer schon immer ein besonderes Faible für **Stachelbeeren** hatten? Um 1740 kannten sie bereits 100 Sorten, um 1850 waren es mehr als 400. Manche trugen Früchte so groß wie Hühnereier und Namen wie ›Brüllender Löwe‹ oder ›Held vom Nil‹.

MARLIES' TIPP

Darf's ein bisschen mehr sein?

»Rohrnudeln sind eine beliebte bayerische Spezialität, und am bekanntesten sind jene mit Zwetschgenfüllung. Wer aber ein echter Rohrnudel-Fan ist, der isst sie das ganze Jahr über – und füllt sie auch mit Kirschen, Aprikosen, Mirabellen und Äpfeln.«

ALLES IN BUTTER

Zum Frühstück, zu den Pellkartoffeln, in den Kuchen:
Butter macht das Leben lecker. Und wer erst einmal
von Marlies Heinritzis selbst gemachter probiert hat,
der wird sie sich ohnehin nicht mehr vom Brot nehmen lassen.

Ein Frühstück mit frischen Semmeln, Marmelade,
Käse, allem Drum und Dran und dann keine
Butter? Das geht gar nicht! Zu einer ausgiebigen
morgendlichen Schlemmerei gehört sie für mich
einfach dazu. Und wenn ich genug Zeit dazu
finde, mache ich sie sogar am liebsten selbst.
Denn eine nach guter alter Tradition geschlagene
Butter schmeckt um vieles besser als die gekaufte.
Jeder, der sie einmal probiert hat, wird garantiert
neugierig. Deshalb verrate ich nur zu gern,
was es mit der Kunst des Butterns auf sich hat.

Alles, was man für eine cremig-milde Süßrahm-
butter braucht, ist frischer Schlagrahm und ein
Gerät, um das Beste von der Kuhmilch zu Butter
zu schlagen. Das klappt selbstverständlich auch
mit einem Mixer, aber ich buttere lieber auf die
altbewährte Art – mit einem hölzernen Butterfass
oder einem Butterglas. Wie das Ganze gelingt,
hängt vom Fettgehalt im Rahm genauso ab wie
von der richtigen Temperatur. Vor allem große
Hitze ist beim Buttern hinderlich, deshalb ging
man im Sommer dazu notfalls in den Keller. Dafür
schmeckte der Brotaufstrich um diese Jahreszeit
aber besonders würzig – nach frischem Gras und
wilden Kräutern von der Weide.

Kräftig rühren

Damit die Fettkügelchen in der Sahne verklumpen und Butter entsteht, muss der Rahm in Bewegung versetzt werden. Das war früher nur in anstrengender Handarbeit möglich und in zwei Varianten – mit dem Stoßbutterfass, bei dem der hölzerne Stößel stetig auf- und abfährt, und mit dem etwas leichter zu bedienenden liegenden Butterfass, dessen Holzflügel im Innern durch eine außen angebrachte Handkurbel gedreht werden. Nach diesem Prinzip funktioniert auch das erst später entwickelte Butterglas. Das besteht aus einem eckigen Glasbehälter mit abschraubbarem Rührwerk – außen Kurbel, innen ein gelochtes Holzpaddel.

Marlies erzählt

Das Butterglas benutze ich am liebsten: Es ist klein und handlich und eignet sich deshalb bestens für den Eigenbedarf.

Das **Butterglas** benutze ich am liebsten: Es ist klein und handlich und eignet sich deshalb bestens für den Eigenbedarf. Aber – darauf muss man sich gefasst machen – buttern wie früher geht immer in die Arme. Das merkt auch jeder, der eine Weile am Butterglas kurbelt, damit sich im Innern das Holzpaddel dreht und Runde um Runde die Sahne aufwirbelt. Weil das Rührgerät durchsichtig ist, lässt sich das Entstehen der Butter gut beobachten: Bereits nach wenigen Minuten Handarbeit beginnt die Sahne zu flocken. Zunächst sind's feine Klümpchen, die durch die Flüssigkeit wirbeln, doch mit der Zeit vereinen sie sich zu hellgelben Klecksen und bilden am Ende einen großen Butterklumpen, der sich am Boden absetzt.

Das ist der Moment, in dem rundum erstaunte Ohs und Ahs ertönen: Denn manchmal habe ich beim Buttern auch Zuschauer, die interessiert stehen bleiben, um das Gedeihen des künftigen Brotaufstrichs zu beobachten. Ein Zauberer könnte für seine Tricks nicht mehr Beifall ernten als ich, wenn ich dann den Deckel vom Butterglas schraube und jeder einmal hineinschauen darf. Das Erstaunen verwandelt sich in pure Begeisterung, sobald ich die verbliebene Flüssigkeit aus dem Glas in mehrere Becher gieße und verteile: Es ist **Buttermilch,** die nicht nur fein schmeckt, sondern auch gesund ist – weil sie kaum Fett enthält, dafür aber reichlich Kalzium und Vitamine.

Während die Zaungäste an ihren Bechern nippen, wird die **Butter** zügig weiterbearbeitet – nämlich abgewaschen und zur Kugel geformt. Dabei drücke ich mit den Handflächen von allen Seiten dagegen, um möglichst viel von der noch verbliebenen Flüssigkeit herauszupressen. Früher war das sehr wichtig, denn so ließ sich Butter länger aufbewahren, ohne ranzig zu werden. Für den Hausgebrauch ist das heute eigentlich kein Thema mehr, und manche ziehen es sogar vor, wenn der selbst gemachte Brotaufstrich noch ein wenig nach Buttermilch schmeckt.

Bei uns daheim auf dem Bauernhof wurde natürlich auch gebuttert, einmal die Woche. Großmutter hat so nicht nur die eigene Familie versorgt, sondern auch ihr Haushaltsgeld aufgebessert – indem sie eine Reihe von Stammkunden belieferte. Die Butter mit dem Rad ausfahren durfte dann eins der Kinder. Das war ein höchst begehrter, lukrativer Job, denn fast immer sprangen ein paar Süßigkeiten oder ein kleines Trinkgeld dabei heraus.

Wer vor dem Essen noch ein wenig Zeit und Geduld aufbringt, kann seiner Butter eine ganz persönliche Note aufdrücken – mit Hilfe eines **Models.** Das ist eine kunstvoll verzierte, rechteckige Holzform, in die man, je nach Größe, ein Viertel oder ein halbes Pfund Butter presst, um es in Form zu bringen und ihm gleichzeitig ein Muster einzuprägen. Danach klopft man den Brotaufstrich – nun mit einem Schriftzug, einer Kuh, einem Kleeblatt oder einer Blüte verziert – wieder heraus. Ein wenig Übung braucht es schon, und nicht immer geht alles glatt. Anfänger tun sich mit Formen, die einen Stab als Herausdrückhilfe haben, oder mit einem modernen Silikon-Model etwas leichter.

Jetzt ist es aber endlich an der Zeit für einen Biss ins **Butterbrot.** Dick bestrichen liebte man es früher ganz besonders, vor allem bei harter körperlicher Arbeit. Dass viel Butter auch viel Kraft gibt, davon war noch mein Großvater überzeugt, und wir Kinder hatten unseren Spaß damit, unsere im Aufstrich eingeprägten Zahnabdrücke zu vergleichen. Heute hält man sich zwar des Cholesterins wegen ein wenig zurück, aber trotzdem sollte man sich auf keinen Fall die Butter vom Brot nehmen lassen.

Marlies erzählt

Dass viel Butter auch viel Kraft gibt, davon war noch mein Großvater überzeugt, und wir Kinder hatten unseren Spaß damit, unsere im Aufstrich eingeprägten Zahnabdrücke zu vergleichen.

Das geht runter wie Butter

Wie Butter entsteht:

Wird der Rahm geschlagen, gerührt oder gestampft, zerstört das die Fettkügelchen des Milchfetts: Die Fetthülle bricht auf, das enthaltene Fett tritt aus und beginnt zu verkleben. Aus der flüssigen Fett-in-Wasser-Emulsion (Sahne) bildet sich eine feste Wasser-in-Fett-Emulsion (Butter) – und es entsteht Buttermilch.

Das steckt in der Butter:

Eine Zeit lang hatte Butter wegen des hohen Fettgehalts von 80 bis 90 Prozent einen ziemlich schlechten Ruf. Aber normale Margarine bringt's ebenso auf rund 700 kcal pro 100 Gramm. Außerdem ist die Zusammensetzung der Fettsäuren in Butter so günstig, dass diese selbst von Menschen mit empfindlichem Magen leicht verdaut werden können.

Auch den hohen Cholesteringehalt (etwa 220 Milligramm pro 100 Gramm) hielt man jahrelang für höchst bedenklich. Inzwischen weiß man aber, dass dies für gesunde Menschen kein Problem darstellt: Der Körper nimmt schließlich nur rund ein Fünftel des Cholesterins aus der Nahrung auf, den Rest produziert er selbst.

Butter ist zudem reich an fettlöslichen Vitaminen A, D und E. Damit schützt sie nicht nur die Zellen vor freien Radikalen, sondern ist auch gut für Haut, Augen und Nervensystem.

Von der Sahne zur Butter

Hier entsteht der beliebte Brotaufstrich auf traditionelle Weise – mit einem Butterglas. Man kann Sahne aber auch mit einem Handmixer (auf höchster Stufe) zu Butter schlagen. Das geht schneller, die Schritte bleiben jedoch dieselben. Als Faustregel gilt: 1 l Sahne liefert etwa 500 g Butter.

◼ Damit das Buttern gelingt, sollten Rührgefäß und Flüssigkeit gleich warm oder kalt sein. Das heißt: Man holt die Sahne etwa eine halbe Stunde vor der Verwendung aus dem Kühlschrank oder spült das Gefäß mit kaltem Wasser aus, bevor man den Rahm zugibt.

◼ Nach ein paar Minuten kräftigen Kurbelns wird die Sahne fest. Weiterschlagen, bis sich Butterklumpen und -milch voneinander absetzen – das dauert mit dem Butterglas etwa 20 Minuten.

◼ Buttermilch über einem Sieb abseihen, sofort genießen oder kalt stellen.

◼ Um Buttermilchreste auszuwaschen, Butter mit kaltem Wasser spülen und die Flüssigkeit abgießen.

◼ Dann die Butter aus dem Gefäß nehmen, zwischen den Händen ausdrücken und zu einer Kugel formen. Anschließend in eine Schüssel mit kaltem Wasser legen.

◼ Danach die Butter in ein Schälchen pressen, mit dem Messer glatt streichen – und vielleicht schon mal probieren. Oder Deckel drauf und in den Kühlschrank stellen.

◼ Wer seine Butter mit dekorativen Mustern verzieren will, kann die weiche Masse in einen Holzmodel drücken. Der muss zuvor aber mindestens 15 Minuten gewässert werden. Danach die gefüllte und gekühlte Holzform stürzen und mit Schwung auf ein Holzbrett schlagen, damit sich die Butter aus der Form löst.

Blütenbutter

1 Stück Butter (250 g)
1 große Tasse mit essbaren Blüten
der Saison (z. B. Gänseblümchen,
Hornveilchen, Ringelblumen, Kapuzinerkresse, Schnittlauchblüten) –
alle möglichst fein gezupft

▪ Die gekaufte oder selbst gemachte Butter aus dem Kühlschrank holen, in Scheibchen schneiden und diese dicht an dicht auf einem Bogen Frischhaltefolie verteilen.

▪ Mit einem zweiten Stück Folie bedecken und die inzwischen weichen Butterstückchen mit dem Nudelholz zu einem Rechteck ausrollen.

▪ Dann die obere Folie abziehen und die gezupften Blüten gleichmäßig auf die Butter streuen.

▪ Die untere Folie an einem Ende mit den Fingern hochziehen und die Butter, ähnlich wie beim Strudelteig, aufrollen.

▪ Die Rolle in Folie einschlagen und kühlen, danach in Scheiben schneiden und servieren.

▪ Einfacher geht das Verzieren, wenn man das Muster direkt auf die Butter prägt – großflächig mit Hilfe eines Butterrollers oder punktuell mit einem Butterstempel.

Bezugsquellen für Butterrührgeräte und Butter-model siehe Seite 185.

HOCHSOMMER

JETZT ABER SCHNELL!

Gerade im Hochsommer möchte keiner lange in der Küche stehen, da soll's fix und unkompliziert zugehen. Zum Glück kennt Marlies Heinritzi eine ganze Reihe von Gerichten, die genauso ruck, zuck zubereitet wie verspeist sind. Deshalb bringt sie selbst Überraschungsbesuch nicht aus der Ruhe.

Manchmal muss es mit dem Essen einfach rasch gehen: Weil gerade so viel zu tun ist – oder aber weil plötzlich und unangemeldet Gäste vor der Tür stehen. Bloß keine Umstände heißt es dann, aber schließlich soll bei mir auch niemand hungern. Und damit alles schön entspannt abläuft, habe ich für solche Fälle unkomplizierte Rezepte in petto, die gut schmecken und schnell von der Hand gehen.

Der Blick in die **Vorratskammer** beruhigt – Milch, Butter, Mehl, Eier, Käse, alles da. Und den Rest liefert der Garten: einzelne Blätter hier, ein paar Früchte da, was eben gerade reif zum Ernten ist. Rasch noch ein Büschel frische Kräuter gepflückt und ein Sträußchen essbare Blüten dazu, dann ist der Korb voll – mit rotgrünen Frühäpfeln, bunten Tomaten, rötlichen Zwiebeln, Zucchini in Gelb und Grün und mit Mangold, dessen Stiele in den Farben des

Regenbogens leuchten. Erstaunlich, wie viel bunte Töne allein durchs Gemüse ins Spiel kommen. So ist schon der Anblick ein pures Vergnügen!

Gemüse als Augenschmaus auf der einen Seite und essbare Blumen auf der anderen: In unseren **Gärten** scheint es drunter und drüber zu gehen. Doch das Ergebnis finde ich fabelhaft – erst schmücken die **Pflanzen** in aller Eintracht die Beete, dann bereichern sie zusammen die Küche.

Vase oder Teller – das ist auch bei der **Kapuzinerkresse** die Frage, seit die Spanier sie im 16. Jahrhundert von Amerika nach Europa brachten. Der französische Maler Monet zog sie Jahr für Jahr mit größter Sorgfalt für seinen berühmten Eingangsweg in Giverny heran – und ich serviere die Vitamin-C-haltige Blume mit dem pfeffrig-

scharfen Geschmack am liebsten zu Blitz-Mozzarella. Warum der so heißt? Sie ahnen es schon: Weil's von der Milch zum Käse tatsächlich nur 10 Minuten dauert. Und damit eignet er sich bestens, die Gäste so lange bei Laune zu halten, bis der Rest des Essens fertig ist. Als kleiner Snack zu einem Glas Wein ist er ebenfalls ein voller Erfolg.

Vor allem, wenn ich ihn mit essbaren Blüten verziere. Und da passt nicht nur die Kapuzinerkresse, sondern auch die **Ringelblume** mit ihren Gute-Laune-Farben Gelb und Orange wunderbar zum Käse. Früher hat man ihn sogar mit ihrer Hilfe gefärbt, bei mir sorgen die abgezupften Blütenblättchen auf andere Weise für Aufsehen. Und das geht so schön einfach: Man nehme ein paar Kräcker, lege ein Scheibchen vom selbst gemachten Blitz-Mozzarella darauf, streue essbare Blüten darüber und außerdem ein paar Tomatenstückchen – mehr braucht man nicht für eine gelungene Vorspeise.

Ein Süppchen für den Anfang ist aber auch nicht verkehrt. Wie wär's zum Beispiel mit einem aus **Zwiebeln,** fein abgerundet mit frischen Kräutern? Das schmeckt ausgezeichnet und ist noch dazu gesund: Denn Zwiebeln senken den Blutfettspiegel, schützen vor Herz-Kreislauf-Erkrankungen, fördern die Verdauung, stärken das Immunsystem und beugen Entzündungen vor. Das würzige Gemüse wird nun schon seit 4000 Jahren kultiviert, und in unseren Breiten schätzt man es, seit es mit den Legionen Roms über die Alpen kam. Im Mittelalter traute man der Zwiebel allerhand zu – sogar Pest und bösen Zauber abzuwehren. Und pflanzen, so hieß es damals, sollte man sie im Zorn, dann wächst sie besser.

Zwiebel? Wie reizend!

Wider Erwarten ist die Zwiebel eine geruchlose Pflanze. Verletzt man jedoch ihr Gewebe, etwa beim Verarbeiten in der Küche, dann passiert's: Enzyme aus den Zellen werden freigesetzt und verändern die ebenfalls vorhandenen Schwefelverbindungen derartig, dass sie unsere Schleimhäute reizen und auf die Tränendrüse drücken.

Gewusst wie, hält sich das unfreiwillige Schniefen jedoch in Grenzen – man muss nur gut gekühlte Zwiebeln möglichst rasch verarbeiten. Die Kälte verzögert nämlich die Bildung der Reizstoffe. Außerdem: Stumpfe Klingen drücken eher, als dass sie schneiden, und setzen dadurch nur noch mehr der unliebsamen Stoffe frei. Deshalb immer ein scharfes Messer verwenden und die Zwiebel-Wurzel zuletzt abschneiden. Hier sind besonders viele schwefelhaltige Verbindungen verborgen.

Ein warmer Sommertag lädt zum Essen an der frischen Luft ein – zum Beispiel an meinem Lieblingsplatz vor dem großen Birnenspalier. Dort, mit der Hauswand im Rücken, finden es meine Gäste so zwanglos und gemütlich, dass mancher »Überfall« erst nach Mitternacht endet. Macht nichts, dann serviere ich eben nach und nach ein ganzes **Menü aus leichten Gerichten.** Mein Erntekorb gibt das leicht her, und mir macht das Kochen in der »Freiluftküche« großen Spaß. Der Besuch kann dabeisitzen und für die Unterhaltung sorgen – oder auch beim Gemüseschneiden und Kräuterhacken mithelfen.

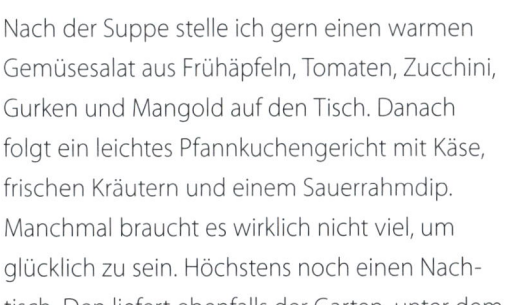

Marlies erzählt

*Mit Gästen gemütlich zusammensitzen
und bis zum Umfallen Möhren-Nuss-
Kuchen essen – so mag ich den Sommer.*

Nach der Suppe stelle ich gern einen warmen Gemüsesalat aus Frühäpfeln, Tomaten, Zucchini, Gurken und Mangold auf den Tisch. Danach folgt ein leichtes Pfannkuchengericht mit Käse, frischen Kräutern und einem Sauerrahmdip. Manchmal braucht es wirklich nicht viel, um glücklich zu sein. Höchstens noch einen Nachtisch. Den liefert ebenfalls der Garten, unter dem Motto »Zurück zu den Wurzeln«. Denn es gibt für jeden noch ein Stückchen selbst gebackenen Möhren-Nuss-Kuchen – oder auch zwei.

Möhren, Mohrrüben, Gelbe Rüben oder Karotten – in jeder Region Deutschlands heißt es anders: Im Süden ernten die Menschen häufig Gelbe Rüben, im Norden sind's eher Mohrrüben. Das Wort Möhre verstehen alle, und als Karotte kennt mancher die kleinen runden oder zumindest kurzen Rübchen, wie sie in Konserven zu finden sind.
Die ersten Möhren erntet man im Juli: Sie enthalten neben Vitaminen, Folsäure und Mineralstoffen viel Carotin, das die Sehfähigkeit fördert, gut ist für Leber und Darm und Krebs vorbeugt. Damit der Mensch das fettlösliche Carotin jedoch verwerten kann, sollten die Gelben Rüben – egal, ob roh oder gekocht – immer mit etwas Sahne, Joghurt, Öl oder Butter versetzt werden. Sonst hat der Körper mit der Aufnahme Probleme.

Dass es in der Küche oft schnell gehen muss, kenne ich schon von klein auf. Zum Beispiel, weil bei schönem Wetter von jetzt auf gleich alle Hände zur Heuarbeit gebraucht wurden, oder weil die Kartoffelernte anstand. Auch der Samstag war bei uns daheim kein guter Tag für aufwändige Rezepte: Da fand nämlich immer der Gästewechsel statt. Die einen Urlauber fuhren nach Hause, und die nächsten waren schon auf dem Weg, um ihre Ferien bei uns auf dem Bauernhof zu verbringen. In der Zwischenzeit mussten wir noch schnell, schnell die Betten frisch beziehen und die Zimmer herrichten.

Auch das Improvisieren beim Kochen lernte ich früh: Das nächste Geschäft war einfach zu weit weg, um rasch zum Einkaufen zu laufen. Und da musste es eben auch mal so gehen – selbst wenn Besuch kam. Aber wir waren ja immerhin gut gerüstet: Milch und Eier kamen frisch aus dem Stall, und den Rest lieferte der Garten.

Mit Gästen gemütlich zusammensitzen und bis zum Umfallen Möhren-Nuss-Kuchen essen – so mag ich den Sommer. Aber eigentlich schmeckt diese schnelle, leichte Gartenküche immer – auch ohne Überraschungsbesuch. Gründe, warum's mal fix gehen muss, gibt es schließlich viele. Trotzdem sollte man dabei auf keinen Fall das Genießen vergessen. So viel Zeit, finde ich, muss einfach sein!

Ratzfatz ein Menü

Von der Vorspeise über die Suppe bis zum Kuchen: Wer aus den einzelnen Rezepten ein Menü zusammenstellen und auf den Tisch bringen will, schafft es in dieser Reihenfolge innerhalb von 90 Minuten. Liegt alles bereit? Dann kann's losgehen:

■ Blitz-Mozzarella herstellen und im Sieb abtropfen lassen.

■ Das Backrohr vorheizen und die Kuchenform auspinseln.

■ Zwiebelringe für die Suppe schneiden. Dann gut anschwitzen lassen und dabei immer mal wieder umrühren.

■ In der Zwischenzeit das Gemüse für den warmen Salat waschen und schneiden und die Kräuter fürs Pfannkuchen-Gericht hacken. Von beidem etwas für die Dekoration der Mozzarella-Kräcker zurückbehalten.

■ Die Zwiebelsuppe aufgießen und köcheln lassen.

■ Währenddessen ist Raspelzeit: Die Karotten für den Kuchen fein, die Äpfel für den warmen Salat grob raspeln. Anschließend die Suppe fertig abschmecken, runterschalten und warm halten.

■ Jetzt den Kuchenteig herstellen (Möhrenraspel für die Deko abzweigen), in die Form füllen – und ab in den Ofen damit. Am besten die Zeitschaltuhr oder einen Wecker einschalten.

■ Den Pfannkuchenteig herstellen – er kann problemlos ein wenig stehen.

■ Das Gemüse für den warmen Salat andünsten – schrittweise vom härteren zum weicheren.

■ Zwischenzeitlich den Mozzarella aus dem Sieb holen und formen, dann in Scheiben schneiden und auf den Kräckern verteilen.

■ Die Äpfel in den Salat geben.

■ Die Pfannkuchen ausbacken, dazwischen den Gemüse-Apfel-Salat beaufsichtigen und schließlich ausschalten. Er braucht nur lauwarm zu sein.

■ Die Pfannkuchen einrollen und zum Warmhalten zugedeckt an den Ofen stellen.

■ Die Kräcker fertig garnieren und auf einer Platte anrichten.

■ Schnittlauch schneiden und mit dem Sauerrahm verrühren – dann sind auch die Pfannkuchen bereit zum Servieren.

■ Nach rund 1 Stunde müsste der Kuchen fertig sein. Nach der Stäbchenprobe aus dem Ofen nehmen und abkühlen lassen. Danach mit Puderzucker und geraspelten Möhren verzieren.

Blitz-Mozzarella auf Kräckern

Für 400 g Käse, servierfertig in 30 Minuten

> 1 l H-Milch (3,5 % Fett)
> 1 TL Salz
> 4 EL Apfelessig
> 25 Kräcker

Zum Garnieren:

> kleine essbare Blüten (z. B. von Kapu-
> zinerkresse, Borretsch, Ringelblume,
> Dill, Lavendel, Gewürz-Tagetes), dazu
> junge Blätter von Blutampfer und
> Kapuzinerkresse und in Scheibchen
> und Würfel geschnittene Tomaten

▧ Ein Küchensieb mit einem Mulltuch oder
einem grobmaschigen Küchentuch auslegen und
in einer Schüssel einhängen.

▧ Dann die Milch erhitzen, bis sie schäumt, Salz
und Apfelessig einrühren und aufkochen lassen.

▧ Sobald die Milch geronnen ist, die gesamte
Masse ins Sieb einfüllen und rund 15 Minuten
abtropfen lassen.

▧ Danach das Tuch gut auswinden und den
fertigen Mozzarella herausnehmen.

▧ Den Käse mit den Händen ausdrücken und
zur Kugel formen, dann in Scheibchen schneiden und die Kräcker damit belegen. Zuletzt mit
Tomaten, Blüten und Kräutern garnieren.

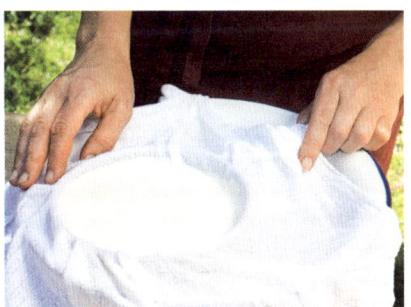

*Im Kühlschrank hält der Blitz-Mozzarella zwei
Tage. Allerdings sollte man ihn mit Folie abdecken, sonst trocknet er aus.*

Zwiebelsuppe

Für 4 Personen, fertig in 20 Minuten

500 g Zwiebeln
2 gehäufte EL fein gehackte Kräuter
zum Verfeinern: Knoblauchsrauke und
Rote Gartenmelde (oder: Schnittlauch,
Petersilie, Thymian, Salbei)

50 g Butter
1 l Gemüsebrühe
Salz, Pfeffer
¼ l Weißwein
etwas Sahne (nach Belieben)

■ Zwiebeln in Ringe schneiden, die Kräuter waschen und fein hacken.

■ In einem Topf die Butter schmelzen und die Zwiebelringe darin leicht anbräunen. Mit Gemüsebrühe ablöschen und mit Salz und Pfeffer abschmecken.

■ 10 Minuten köcheln lassen, dann den Weißwein, eventuell einen Schuss Sahne und die gehackten Kräuter zugeben. Nochmals abschmecken und die Suppe vom Herd nehmen.

Zwiebel-Kuriositäten aus dem Bauerngarten

Wer Zwiebeln selber zieht, muss jedes Frühjahr von Neuem Samen ausstreuen oder Steckzwiebeln setzen. Bis die dann endlich groß genug für die Küche sind – das dauert. Doch zum Glück gibt es auch noch die »ewigen Zwiebeln« aus dem Bauerngarten. Die pflanzt man nur ein Mal und findet immer wieder was zu ernten: würzige Zwiebelchen oder saftige Schäfte – manchmal sogar rund ums Jahr.

■ Röhrenförmiges Laub und unten weiße Verdickungen – das ist die **Winterheckezwiebel.** Vom ersten lauen Frühlingslüftchen an treibt sie ihr frisches Grün, das sich wie Schnittlauch verwenden lässt. Wenn man Glück hat und das Wetter mitspielt, hört sie damit auch im Winter nicht auf. Richtige Zwiebeln allerdings entwickelt sie nicht.

■ Ein wirklich kurioses Gewächs ist die **Etagenzwiebel** – mit Zwiebelchen, die sich nicht wie erwartet im Boden bilden, sondern an der Spitze der langen Stängel. Dort sitzen sie in Nestern zusammen und können sogar selbst wieder Brutzwiebeln bilden. Diese Minis lassen sich gut lagern und zum Kochen verwenden. Und das junge Zwiebellaub schmeckt auch.

■ Der **Johannislauch** ist eine alte Bauerngarten-Pflanze. Ihre nussgroßen Zwiebelchen, die man traditionell am 24. Juni – dem Namenstag des hl. Johannes – erntete, schmecken pfeffrig-süß mit einem Hauch von Knoblauch. Ebenfalls essbar: die dekorativen rosaroten Blütenköpfe und das bläulich grüne Laub, das aber ab Juni einzieht.

Warmer Gemüse-Apfel-Salat

Für 4 Personen, fertig in 20 Minuten

750 g gemischtes Gemüse
  (z. B. Tomaten,
  Zucchini, Gurken, Mangold, Paprika)

2 Äpfel
50 g Butter
6 EL Obstessig
6 EL Speiseöl
Salz, Pfeffer
1 Prise Zucker

■ Gemüse waschen, putzen und in kleine Würfel schneiden, Äpfel waschen und mit der Schale grob raspeln.

■ Butter in einer Pfanne schmelzen. Zuerst das festere Gemüse (Zucchini, Gurken) zugeben und andünsten.

■ Danach das weichere Gemüse (Tomaten, Paprika) mitdünsten. Zum Schluss Äpfel und Mangold (bzw. anderes Blattgemüse) zufügen. Alles ist fertig, wenn die Salatzutaten noch bissfest, aber nicht mehr hart sind.

■ Aus Essig, Öl, Salz, Pfeffer und Zucker eine Vinaigrette herstellen. Den Salat damit würzen und noch warm servieren.

Käsepfannkuchen mit Kräutern

Für 4 Pfannkuchen, fertig in 20 Minuten

250 g Mehl
1 TL Salz
2 Eier
½ l Milch
100 g Käse (z.B. Emmentaler), gerieben
4 EL fein gehackte Kräuter (z.B. Petersilie, Salbei, Liebstöckel, Oreganum)
80 g Butter zum Ausbacken
12 Scheiben Frühstücksspeck

■ Aus Mehl, Salz, Eiern und Milch einen glatten Teig rühren. Käse und Kräuter zugeben und alles miteinander vermischen.

■ Etwas Butter in der Pfanne erhitzen, einen Schöpflöffel voll Teig einfüllen und durch Schrägstellen der Pfanne nach allen Seiten verlaufen lassen.

■ Den Speck darauf verteilen und den Pfannkuchen von unten gut anbacken lassen, bis er leicht gebräunt ist.

■ Dann umdrehen und die zweite Seite backen.

■ Den fertigen Pfannkuchen herausheben und mit der Speckseite nach oben auf ein Holzbrett legen. Dann einrollen, in 3 Teile teilen und auf einem Teller anrichten.

MARLIES' TIPP

Der Tipp mit dem Dip

»Natürlich schmeckt der Pfannkuchen auch ohne Speck. Worauf ich aber nur ungern verzichte, ist ein frischer Sauerrahmdip: Einfach einen Becher Sauerrahm mit fein gehackten Schnittlauchröllchen verrühren – fertig.«

Möhren-Nuss-Kuchen

Für 1 Kuchenform (Ø 26-28 cm),
Zubereitungszeit: 15 Minuten (+ Backzeit)

6 Eier
150 g Zucker
150 g Butter
250 g Karotten, fein gerieben
300 g ungeschälte Haselnüsse, fein
    gemahlen
50 g Mehl
½ Fläschchen Bittermandelaroma
1 TL Backpulver
etwas Butter für die Backform
zum Verzieren: Puderzucker und
    geraspelte Gelbe-Rüben-Streifen

▨ Die Eier trennen und das Eiweiß mit 50 g Zucker steif schlagen. Danach kalt stellen.

▨ Eigelbe, Butter und den restlichen Zucker zu einer cremig-schaumigen Masse rühren.

▨ Karotten, Nüsse, Mehl, Bittermandelaroma und Backpulver unterrühren, dann den Eischnee vorsichtig unterheben.

▨ Schließlich den Teig in eine gefettete Springform füllen und im vorgeheizten Ofen bei 180 °C 60–75 Minuten lang backen.

▨ Den fertigen Kuchen herausholen und abkühlen lassen. Danach mit Puderzucker und Karottenraspel bestreuen.

MARLIES' TIPP

Fertig oder nicht?

»Um zu wissen, ob der Kuchen lang genug im Ofen war, mache ich mit einem Holzstäbchen die Garprobe. Wenn es beim Rausziehen sauber und frei von Teig bleibt, ist der Kuchen gerade recht zum Rausholen.«

ALMSOMMER

Milch, Butter und wilde Kräuter gehören unbedingt zum Sommer auf der Alm. Und Marlies Heinritzi weiß, was man daraus macht. Wer diese Köstlichkeiten ausprobiert, kann hinterher glatt Berge versetzen. Auch im Flachland – versprochen!

Im Frühtau zu Berge, genau so wie es das alte Wandervogel-Lied empfiehlt, verbringe ich meine freien Tage am liebsten. Die gute Luft, die Bewegung, das Gefühl, mit der Natur auf Du und Du zu sein: Für mich gibt es nichts Erholsameres, als in den Bergen zu wandern. Schrumpft jedoch, wie häufig im Sommer, meine Freizeit auf ein halbes Stündchen am Tag zusammen, dann liegt mein zweitschönster Erholungsort glücklicherweise direkt um die Ecke. In einem wildromantischen Winkel der Glentleiten mit einem wunderbaren Ausblick auf Estergebirge und Herzogstand, stehen sechs, teils uralte Almhütten.

Ich liebe es, früh am Morgen, noch ehe mein Arbeitstag beginnt, dorthin einen Abstecher zu machen. Dann hängen tief unter mir noch dicke Nebelschwaden über dem Kochelsee-Moor, aber die Alm auf rund 1100 Metern Höhe ist bereits in goldenes Licht getaucht. Die Luft ist so rein und klar wie der Blick auf die Alpenkette, und um mich her erklingt Glockengebimmel: Die Murnau-Werdenfelser Rinder, eine uralte Landrasse, sind längst auf den Beinen, um die Berggräser und -kräuter zu rupfen.

An bestimmten Tagen steht für mich die Alm aber auch »dienstlich« auf dem Plan – um Interessierten zu zeigen, wie man Käse herstellt, oder um für sie zu kochen. »Leckeres von der Alm« serviere ich für gewöhnlich in einem der Almgebäude. Dort hat die Bewirtung nämlich schon lange Tradition. Und so wie einst die Sennerin den ganzen Sommer über Wanderer auf dem Weg zum Gipfel mit Brotzeit und Buttermilch versorgte, so mache ich es heute auch.

Soll es pünktlich was zu essen geben, muss der alte Holzofen zeitig geschürt werden. Dann steigt kurz darauf der Rauch aus dem Kamin und zieht die allerersten Besucher an. Die kommen gern auf einen Schwatz zu mir in die Hütte – aber auch zum Aufwärmen. Denn selbst im Hochsommer kann es morgens in den Bergen empfindlich kalt sein.

Grüne Spezialisten

Bis mittags allerdings heizen sich die sonnigen Lagen in den Alpen stark auf. Ein Härtetest für Mensch und Tier, aber auch für die ortsansässigen Pflanzen. Die reagieren auf ganz eigene Weise: Duft und Farbe der Blüten sind intensiver als im Flachland, der Wuchs ist gedrungener. Und viele Blätter schützen sich mit Härchen oder einer Wachsschicht gegen starke UV-Strahlung, gegen Kälte und Hitze.

Im August ist Hochsaison für die **grünen Almbewohner**: Mädesüß, Johanniskraut und viele andere Heilkräuter stehen in voller Blüte. Doch wenn ich die Zutaten für meine Limonade ernte, warte ich am liebsten bis zum späten Vormittag. Dann hat die Sonne bereits den Tau von den Pflanzen getrocknet, die Wirkstoffe erreichen ihre höchste Konzentration, und das Aroma ist voll entfaltet. Und für mich bleibt vorher noch genügend Zeit, den Hefeteig für die Topfenstriezl zu kneten und den sogenannten Bröselhafer vorzubereiten.

Gehaltvolle Gerichte sind das – mit einer ordentlichen Portion Milch oder Butter. Das ist auch nötig, denn die **Arbeit auf der Alm** kostet Kraft: Wenn Sennerin oder Hirte dem Vieh hinterherklettern, die Zäune kontrollieren, füttern, melken, buttern und käsen, verbrauchen sie ganz schön Kalorien. Eine besonders harte Arbeit war schon immer das Freihalten der Weideflächen von wuchernden Unkräutern, Gehölz-Schösslingen und Steinen. Diese Tätigkeit, Schwenden genannt, hat auf der Alm lebenswichtige Bedeutung. Denn nur so kann man verhindern, dass sich der Wald die Alpenmatten zurückerobert. Und schließlich heißt es: Jeder Stein ist ein Maul voll Heu.

Greife ich jedoch auf der Alm zum Messer, bin ich nicht auf Wiesenpflege aus, sondern auf Huflattichblätter, Brennnesseln und den Guten Heinrich. Die beiden Letzteren finden sich gleich bei der unteren Almhütte. Dort hält sich das Vieh besonders gern auf, und der Boden ist kräftig gedüngt. Genau das Richtige also für stickstoffliebende Pflanzen wie Brennnessel und **Guter Heinrich**. Dieser soll ursprünglich aus dem Mittelmeerraum stammen und ist dem Menschen bis in alpine Höhen gefolgt. Senn und Sennerin haben den wilden »Hirtenspinat« schon immer gern gekocht. Sollten einige Exemplare bereits Blütenstiele tragen, schadet das nicht. Man kann die langen Triebe wie Spargel zubereiten und zusammen mit den wie Spinat gedünsteten Blättern servieren.

Tische ich meine Topfenrolle auf, dann besteht die nicht nur aus selbst gemachtem Quark, sondern ist auch mit fein gehackten Huflattich- und Brennnesselblättern gefüllt. **Huflattich** ist eines der ältesten Mittel gegen Husten, **Brennnesseln** schätzt man aufgrund ihres hohen Gehalts an Vitamin C und Eisen. Im Flachland ist die beste Zeit für die Ernte bereits vorüber. Auf der Alm dagegen entwickeln sich die Pflanzen wie im Zeitraffer: In höheren Lagen findet man noch ganz junge Pflanzen, ein Stück weiter unten sind sie schon in Blüte gegangen. So verziere ich die gefüllte Topfenrolle meist gleich noch mit ein paar Blütenrispen der Brennnessel.

Während Ungeübte im teils unwegsamen Almgelände vorsichtig einen Schritt vor den anderen setzen, bin ich schon von Kindheit an daran gewöhnt, auf den Alpenmatten herumzuspringen, am liebsten barfuß. Über Stock und Stein suche ich mir auch die Zutaten für meine Alpenkräuter-Limonade zusammen: Irgendwo auf einem kleinen Buckel wächst der **Wilde Lauch**, an einem halbschattigen Plätzchen gedeihen **Sterndolde** und ein paar »Blutströpferl«, wie die tiefroten Blütenköpfchen des **Wiesenknopfes** in Oberbayern heißen. Und dort, wo die Kühe sich gerne zum Wiederkäuen niederlassen, finden sich hüfthohe **Rossminze** und leuchtend gelbes Johanniskraut, das die nadelstichgroßen, löcherartigen Öldrüsen in den Blättern als heilkräftiges **Echtes Johanniskraut** ausweisen.

Zu meinen besonderen Lieblingen zählt das **Mädesüß** mit seinem mandelartigen Honigduft. Von alters her wurden die Blätter dem bierähnlichen Honiggetränk Met beigemischt, und noch heute nutzt man das Blütenparfüm zum Aromatisieren von Getränken. An derselben feuchten Stelle, wo die duftigen Blüten der »Wiesenkönigin« stehen, pflücke ich meist noch ein paar Stängel **Wasserdost** und brauche auch nicht lange zu suchen, bis ich auf die leuchtend violettrote **Kratzdistel** stoße. Deren Blätter kann man übrigens wunderbar mit Frischkäse füllen. Man muss nur vorher den dicken Stiel in der Mitte entfernen und die gefüllten Blätter über Nacht in Olivenöl einlegen. Auf dem Rückweg sammle ich noch schnell die herb duftende **Schafgarbe** und **Echtes Labkraut** ein, das meiner Alpenkräuter-Limonade sein feines Honigaroma beisteuern soll.

Hier oben in den Bergen hat eben alles einen besonderen Geschmack. Das macht den Almdudler genauso einzigartig wie das Almleben selbst. Doch keine Sorge: Die köstlichen Rezepte für Gipfelstürmer gelingen auch im Flachland.

Marlies erzählt

Wenn Sennerin oder Hirte dem Vieh hinterherklettern, die Zäune kontrollieren, füttern, melken, buttern und käsen, verbrauchen sie ganz schön Kalorien.

Almdudler

Für 1 Liter

1 Handvoll Blüten (vgl. »Kleine Wild-
kräuter-Sammelkunde« rechts)
⅓ l Apfelsaft
⅔ l Wasser
1 EL Honig

■ Blüten abzupfen – bei der Distel nur die Blütenblätter ohne Körbchen verwenden – und in
eine saubere Glasflasche mit Verschluss geben.

■ Mit Apfelsaft und Wasser auffüllen, Honig
zugeben und alles kurz schwenken.

■ Dann die Alpenkräuter-Limonade über Nacht
kühl stellen, am nächsten Morgen abseihen und
abfüllen.

Im Kühlschrank hält das Erfrischungsgetränk
2 bis 3 Tage.

MARLIES' TIPP

Verflixt und zugestochen

*»Die Blätter der wilden Rossminze helfen – frisch zer-
quetscht und als kühlender Brei aufgetragen – gegen
Juckreiz und Schwellungen bei Insektenstichen.«*

Kleine Wildkräuter-Sammelkunde

Für ihre Alpenkräuter-Limonade hat Marlies Heinritzi allerlei Blühendes gesammelt:

Unten im Bild, von hinten nach vorne: Rossminze (blaulila), Echtes Johanniskraut (gelb), Gewöhnliche Kratzdistel (violett), Großer Wiesenknopf (rötlich).

Mitte, von hinten nach vorne: Echtes Labkraut (zitronengelb), Wilder Lauch (hellpurpurn), Große Sterndolde (grünlich weiß bis rosaweiß).

Rechts, von hinten nach vorne: Echtes Mädesüß (weiß), Gemeiner Wasserdost (lilarosa) und Gemeine Schafgarbe (weiß).

Topfenrolle mit wilden Kräutern

Für 500 g selbst gemachten Topfen

5 l Vollmilch
½ Liter Buttermilch
5 Tropfen Lab (aus der Apotheke)

Für die Topfenrolle:

10 junge Brennnesseltriebe
15 Huflattichblätter (3 für den Belag,
  der Rest ist für die Dekoration)
einige Brennnesselblüten

■ Die Vollmilch in einen Topf füllen, die Buttermilch mit einem Schneebesen dazurühren.

■ Alles zusammen auf 22–25 °C erwärmen und danach zugedeckt bei Zimmertemperatur mindestens 30 Minuten stehen lassen.

■ Lab dazutröpfeln und nochmals 1–2 Stunden abwarten, bis sich die Flüssigkeit in eine dickliche Masse verwandelt hat.

■ Diese gitterartig mit einem Messer einschneiden und auf 35–40 °C erhitzen.

■ Dann ein kochfestes Mulltuch über einem Sieb ausbreiten, Quarkmasse mit einer Kelle einfüllen und im Tuch auspressen. Die ausgetretene Molkeflüssigkeit auffangen.

■ Backpapier auf einem Brett ausbreiten und mit einem in Wasser getauchten Pinsel befeuchten.

■ Den Topfen aus dem Tuch auf das Backpapier geben und rechteckig ausstreichen.

■ Brennnesseltriebe kurz in Wasser schwenken, trocken tupfen und die Blätter abzupfen. Huflattichlaub ebenfalls kurz waschen und trocken tupfen.

■ Alles Grün für die Füllung in Streifen schneiden, mit dem Wiegemesser zerkleinern und gleichmäßig auf der Topfenmasse verteilen.

■ Zum Aufrollen das Backpapier anheben und mit einer Teigkarte nachhelfen.

■ Dann die fertige Rolle für 2 Stunden kalt stellen. Anschließend mit Brennnesselblüten verzieren und auf Huflattichblättern servieren, die man vorsichtig unterschiebt.

Frische Pellkartoffeln passen besonders gut zur Topfenrolle.

MARLIES' TIPP

*Molke
für die Haut*

*»Die bei der Topfenherstellung ausgepresste Molke schütte
ich ins Badewasser. Das macht die Haut wunderbar weich.«*

Warum brennt die Brennnessel?

Schuld daran sind die Nesselhaare – eine Art langer Röhren mit Spitzen, spröde wie Glas. Bei Berührung dringen sie in die Haut ein, brechen ab und entleeren eine brennende Flüssigkeit, das Nesselgift. Die Haut rötet sich und bildet juckende Quaddeln.

Was ärgerlich ist, kann man aber auch positiv betrachten: Die Entzündung steigert nämlich die Durchblutung der Haut. Im Mittelalter peitschte man mit den frischen Nesseln sogar rheumatische Leiden aus den betroffenen Körperstellen. Trotzdem sammeln die meisten Menschen Brennnesseln lieber mit Handschuhen.

Marlies Heinritzi kennt den »Brennnesselgriff«: Beherzt zufassen, lautet die Devise. »Weil umgeknickte Brennhaare nicht mehr in die Haut eindringen können.«

Hirtenspinat

Für 1 Portion

> 150 g frische Blätter
>   vom Guten Heinrich
> 1 EL Butter
> je eine Prise Salz und Pfeffer

■ Guten Heinrich waschen und die Blätter abzupfen.

■ Danach 3–5 Minuten in Butter dünsten, bis die Stiele weich sind.

■ Mit Salz und Pfeffer abschmecken.

Wie Blattspinat wird auch der Hirtenspinat gerne mit Spiegelei serviert.

Damit es nicht zu Verwechslungen kommt

Der Gute Heinrich sieht gleich mehreren wilden Verwandten recht ähnlich. Achten Sie deshalb darauf, dass das pfeilartige Laub einen glatten Rand aufweist. Sind die Blätter gezähnt oder verbreiten sie beim Zerreiben einen unangenehmen Geruch, sind's garantiert die falschen.

Topfenstriezl

Für 10–12 Stück

- 500 g Mehl
- 1 Würfel Hefe (à 42 g)
- ¼ l lauwarme Milch
- 50 g Zucker
- 2 Eier
- 200 g Topfen (Magerstufe)
- 2 Prisen Salz
- 500 g Butterschmalz zum Ausbacken

▧ Aus den Zutaten einen Hefeteig (wie auf Seite 24 bei »Osterkränzchen« beschrieben) herstellen.

▧ Danach in 10–12 Portionen teilen und auf einem bemehlten Holzbrett zu langgezogenen Striezln (Teigsträngen) ausrollen. 20 Minuten zugedeckt gehen lassen.

▧ In der Zwischenzeit das Butterschmalz in der Fritteuse oder im Topf auf 180 °C erhitzen. Temperaturtest zum Ausbacken: Ein paar Tropfen Wasser ins heiße Fett spritzen – wenn es leicht brodelt, ist die richtige Hitze erreicht.

▧ Striezl beidseitig goldbraun ausbacken, mit einer Kelle herausnehmen und auf Küchenkrepp legen, damit das überschüssige Fett abtropfen kann.

Bröselhafer

Für 4 Portionen

- 500 g Kartoffeln (festkochend)
- 1 gehäufter TL Salz
- 150 g Mehl
- 250 g Butter oder Butterschmalz zum Ausbacken

▧ Kartoffeln gar kochen und schälen, auf einer Reibe fein hobeln, danach salzen.

▧ Anschließend Mehl über die Masse stäuben und das Ganze zwischen den Händen wie Streusel abbröseln.

▧ Butter oder Butterschmalz in der Pfanne erhitzen und die Kartoffelstreusel darin ausbacken.

Dazu passt, ganz nach Geschmack, Sauerkraut oder Apfelkompott.

ERSTE HILFE AUS BEET UND WIESE

Die Medizin für vielerlei Beschwerden wächst oft direkt vor der Haustür. Doch wer von uns weiß noch, wie man die Heilkräfte der Natur richtig nutzt? Kräuterfrau Marlies Heinritzi lässt das uralte Wissen wieder aufleben – und zeigt, wie man eine grüne Hausapotheke selbst zusammenstellt.

Der Hals kratzt, und die Nase tropft, vielleicht grummelt's auch im Bauch, oder eins der Kinder hat sich das Knie aufgeschürft? Zum Glück kennt man sie noch auf dem Land, die altbewährten Hausrezepte: Zwiebeln gegen Husten, Blutwurz für die Verdauung, Johanniskraut bei Prellungen und siebenerlei Kräuter für eine ruhige Nacht.

Früher wussten sich die Menschen gut selbst zu helfen – und das mussten sie auch. Der nächste Arzt war meist weit weg, außerdem fehlte es oft an Geld oder Vertrauen, sich an den Bader oder Doktor zu wenden. Und den Hof konnte man schließlich auch nicht einfach sich selbst überlassen, wenn es einen irgendwo zwickte. So entstand aus der Not

eine Tugend: Durch Naturbeobachtungen und eigene Erfahrungen formte sich über viele Generationen hinweg ein **Volkswissen,** von dem die Menschen heute noch profitieren.

Welche Heilpflanzen helfen, damit man sich wieder besser fühlt, das lernte ich schon früh bei uns daheim auf dem Hof. Die gute alte **Blutwurztinktur** zum Beispiel kam bei einem aufgeschürften Knie, das nicht heilen wollte, genauso zum Einsatz wie beim Kälbchen mit Durchfall. Sie ist nämlich in beiden Fällen hilfreich – es war nur nicht immer leicht, das skeptische Kalb davon zu überzeugen. Etwas Überredungskunst brauchte es auch bei uns Kindern, wenn die Mutter zähem Husten mit

Großmutters scharfem **Meerrettichsaft** zu Leibe rücken wollte. Dafür waren wir aber ganz wild auf die selbst gemachten **Zwiebelbonbons**. Die hätten wir jederzeit und auch ganz ohne Husten gelutscht – und ich mag sie immer noch sehr gern.

Sich eine eigene **grüne Hausapotheke** mit allerlei Tinkturen, Salben, Ölen und Tees selbst zusammenzustellen, ist kaum schwieriger als der Gang zur Apotheke. Nur die »Ausrüstung« ist anders: Anstelle des Rezepts treten Erntekorb und Grabgabel – und Gummistiefel wären auch nicht schlecht. Denn die Zutaten für die Kräutermedizin finden sich nicht nur im Garten, sondern ebenso draußen in der freien Natur.

Die **Blutwurz** zum Beispiel kommt im Wald und auf der Heide vor, aber sie liebt auch feuchte Wiesen. Auf der Glentleiten hat sie sich eines der allerschönsten Fleckchen ausgesucht: eine Moorwiese voller seltener Blumen und mit atemberaubendem Gebirgsblick. Rar macht sich das Heilkraut dort wirklich nicht. Trotzdem muss man schon genau hinschauen, um das zierliche Pflänzchen in all dem Gewucher zu entdecken. Handförmige Blätter und winzige gelbe Blümchen, die nur vier Blütenblätter aufweisen statt der sonst bei Fingerkräutern üblichen fünf: Daran erkennt man die Blutwurz. Und natürlich auch am kurzen, knolligen Wurzelstock. Auf den habe ich es abgesehen – und ruck, zuck ist er mit Hilfe der Grabgabel ans Tageslicht befördert. Wenn sich an den eben noch weißlich grünen Bruchstellen schnell eine tiefrote Tönung zeigt, dann gibt es keinen Zweifel mehr, dass es sich wirklich um die Blutwurz handelt.

Neben dem Farbstoff Tormentillin enthalten die Wurzeln auch noch einen besonders hohen Anteil an Gerbstoffen. »Was bitter im Mund, ist dem Magen gesund«, sagt der Volksmund – und richtig: Die Blutwurz hilft bei Durchfall. Aber selbst bei Entzündungen der Mundschleimhaut und bei leichten Verbrennungen sind die Gerbstoffe wirksam. Ein paar Mal muss die Grabgabel zum Einsatz kommen, dann ist die Ausbeute groß genug – und es fehlt nur noch der Schnaps.

Schnaps, mitten am Tag?

Was manchen vielleicht stutzig macht, ist uraltes Heilwissen. Bereits in den mittelalterlichen Klöstern wurden Tinkturen auf alkoholischer Basis hergestellt, und schon damals war bekannt: Viele wertvolle Inhaltsstoffe der Pflanzen lösen sich nur schwer oder gar nicht in Wasser, dafür aber in Alkohol. Und je höher der Alkoholgehalt, desto heilkräftiger wird auch der Auszug.

Ich verwende am liebsten Korn für meine Tinkturen, weil der geschmacksneutral ist. Aber gegen welche Wehwehchen können wir uns denn nun eigentlich wappnen? Sicher gehören Verdauungsprobleme zu den Beschwerden, die im Alltag am häufigsten vorkommen. Aber auch mit Erkältungskrankheiten haben viele zu kämpfen. Und dann sind da noch Hautverletzungen wie leichte Verbrennungen, Insektenstiche, Schürfwunden und, nicht zu vergessen, Prellungen und Verstauchungen. Mit schlaflosen Nächten plagen sich ebenfalls immer mehr Menschen herum. Doch zum Glück ist gegen alles ein Kraut gewachsen – meistens sogar gleich mehrere.

Hilfe bei Insektenstichen wächst praktischerweise direkt am Wegesrand. Es sind die Blätter vom **Spitzwegerich,** die so angenehm kühlen und beruhigen (siehe Seite 97). Gut zu wissen, wenn man sich in feuchten, von Mücken umsurrten Wiesen auf die Suche nach der Blutwurz begibt. Doch das unscheinbare grüne Kraut des Spitzwegerichs hat noch weitere Talente: Es hilft zum Beispiel besonders gut bei trockenem Reizhusten. Dafür lohnt es sich unbedingt, ein Sträußchen zu pflücken und später zu Sirup zu verarbeiten.

Aber nicht vergessen: Sämtliche Mittel für die grüne Hausapotheke sollten jedes Jahr neu zubereitet werden. Denn selbst wenn etwa der Spitzwegerichsirup mehrere Jahre hält, so lässt seine **Wirkung** doch mit der Zeit nach. Und noch eins: Jede Selbstbehandlung hat natürlich auch ihre Grenzen. Wenn sich die Beschwerden nach ein paar Tagen nicht bessern oder sogar verschlimmern, bleibt eben doch nur der Besuch beim Arzt.

Das **Echte Johanniskraut** entdecke ich oft als leuchtend gelbe Flecken am Rande einer Kuhweide. In Öl angesetzt, unterstützt es äußerlich die Wundbehandlung, hilft bei Muskelkater wie Rückenschmerzen – und sorgt innerlich für gute Laune und beruhigt den Magen. Aber das echte muss es sein und darf nicht etwa mit der medizinisch unwirksamen Verwandtschaft verwechselt werden. Wie man es erkennt? Ganz einfach: Man pflückt ein paar gelbe Knospen und zerdrückt sie zwischen den Fingern. Verfärbt sich die Haut violettrot, dann hält man als Nächstes die kleinen eiförmigen Blätter gegen das Licht und erkennt nadelstichgroße, fast durchscheinende Stellen.

Das sind Öldrüsen – und damit ist klar, dass es sich wirklich um das Echte Johanniskraut handelt.

Große, grüne Blattrosetten verraten mir den Standort des **Meerrettichs.** Wenn's schnell gehen soll, hole ich ihn mir gleich aus dem Garten. Dort, neben dem hölzernen Wasserfass, gedeiht er besonders üppig. Aber der robuste Gartenflüchtling ist auch verwildert überall auf feuchten Wiesen und an Bachrändern anzutreffen. Wo immer man ihn ernten will – ohne eine Grabgabel geht gar nichts. Nur mit ihrer Hilfe kommt man an die lange Wurzel des Krens, wie der Meerrettich in Bayern heißt. Doch alle Mühe lohnt sich – die inneren Werte sind enorm: Die Wurzel bereichert mit ihrer pikanten Schärfe nicht nur den Speisezettel, sondern hält auch Erkältungskrankheiten in Schach.

Was jetzt noch an Zutaten für die grüne Hausapotheke fehlt, finde ich ebenfalls im Garten: einen Strauß **Ringelblumen** für den Balsam und allerlei beruhigendes Kraut für den Schlafwein: **Lavendelblüten** gegen Nervosität und Einschlafstörungen, **Baldrianwurzel** zur Verbesserung der Schlafqualität, **Hopfenblüten,** die so angenehm müde machen, und ein Sträußchen **Melisse.** Von deren Heilkraft war übrigens schon Hildegard von Bingen überzeugt. Das ist ja das Schöne: Die Pflanzen aus der Hausapotheke helfen nicht nur, sondern erzählen auch Geschichte und Geschichten.

Ringelblumenbalsam

150 g Lanolin (in Bioqualität
aus der Apotheke)
30 g frisch gepflückte Blütenköpfe
(um die Mittagszeit bei voller
Sonne geerntet)

■ Das Lanolin in einen Topf füllen und bei niedriger Hitze zum Schmelzen bringen. Dann die Blütenköpfe zugeben.

■ Zusammen 15 Minuten auf niedriger Stufe weitersieden (Blüten nicht frittieren!).

■ Danach durch ein feines Sieb in ein sauberes, verschließbares Glas passieren und auskühlen lassen.

■ Wenn der Balsam fest ist, das Glas mit einem Deckel verschließen. Ideal zum Aufbewahren sind die lichtdichten Salbendöschen (Kruken) aus der Apotheke.

Balsam aus Ringelblumen macht die Haut geschmeidig und weich, glättet Narben und fördert die Heilung von Riss-, Quetsch- und Brandwunden. Besonders gut eignet er sich auch zur Pflege von empfindlicher Baby- und trockener Altershaut.

MARLIES' TIPP

So oder so

»Früher hat man Schweineschmalz statt Wollfett (Lanolin) verwendet. Das riecht aber ziemlich unangenehm. Deutlich besser duftet Sonnenblumenöl. Damit der Balsam damit jedoch fest wird, muss man dem Öl 15–20 Prozent Bienenwachs zugeben.«

Johanniskrautöl

2 Handvoll Johanniskraut
(Triebspitzen mit Blüten, Knospen
und jungen Blättern)

½ l kaltgepresstes Oliven- oder Rapsöl

▦ Johanniskraut zwischen den Händen quetschen, locker in ein sauberes Glas füllen, mit Öl übergießen und gut bedecken. Dann ein Leinen- oder Gazestück über die Öffnung legen.

▦ Das Glas für 1 Woche an einen sonnigen Platz stellen und täglich schwenken, damit die obenauf schwimmenden Blüten wieder ganz mit Öl bedeckt sind und nicht schimmeln.

▦ Danach das Glas fest verschließen und weitere 5 Wochen im Licht stehen lassen. Auch während dieser Zeit gelegentlich bewegen.

▦ Hat das Öl nach insgesamt 6 Wochen die typisch rubinrote Färbung angenommen, gießt man es durch einen Teefilter oder ein Stoffsieb ab und füllt es in dunkle Fläschchen.

Dieses Rotöl, wie es im Volksmund heißt, hilft auf der Haut verteilt bei Muskelverspannungen, kleinen Wunden und Verbrennungen ersten Grades.
3x täglich über mehrere Wochen 1 Teelöffel davon eingenommen, beruhigt den nervösen Magen.
Vorsicht: Johanniskraut steigert die Lichtempfindlichkeit. Personen mit sensibler Haut sollten deshalb nach der Einnahme von Johanniskraut die pralle Sonne meiden oder eine Sonnencreme mit hohem Lichtschutzfaktor verwenden – damit es nicht zu einem Sonnenbrand kommt.

Blutwurztinktur

100 g frisch geerntete Blutwurz-Wurzeln
½ l Korn

■ Wurzeln im Wasser abbürsten und in kleine Stücke schneiden.

■ Wurzelstückchen in ein Schraubglas füllen und bis zum Rand mit Alkohol aufgießen.

■ Im Licht (keine pralle Sonne!) etwa 3 Wochen stehen lassen. Täglich schütteln.

■ Danach abgießen und in dunkle Fläschchen füllen.

■ Da die Tinktur meist nur tropfenweise zum Einsatz kommt, hat sich das Abfüllen in Dosierfläschchen bewährt.

Als Gurgelmittel bei Schleimhautentzündungen in Mund und Rachen verdünnt man die Blutwurztinktur im Verhältnis 1:5 mit warmem Wasser.
Zur Wundwaschung bei nässenden Verletzungen wird 1 Teil Tinktur mit 10 Teilen Wasser verdünnt.
Auch bei Durchfall mischt man im Verhältnis 1:10 – nämlich 1 TL Tinktur auf 10 TL Tee, 3x täglich einnehmen.
Leichte Verbrennungen und Sonnenbrand behandelt man 1:1 mit Blutwurztinktur und Wasser.

Meerrettichhustensaft

70 g Meerrettichwurzel
¼ l Weißwein
¼ l Sekt
600 g brauner Kandiszucker

■ Meerrettichwurzel schälen und fein reiben (Achtung, nichts in die Augen bringen).

■ Alle Zutaten in einen Glaskrug oder eine Flasche füllen. Mit Gaze oder Leintuch bedecken und in die Sonne stellen. Täglich leicht schwenken.

■ Der Saft ist fertig, wenn sich der Kandiszucker restlos aufgelöst und die Flüssigkeit eine hellbraune Farbe angenommen hat (meist nach wenigen Tagen).

■ Dann den Saft durch einen Kaffeefilter absieben, in eine dunkle Flasche füllen und verschließen.

Wenn zäher Hustenschleim die Atemwege blockiert, trinkt man mehrmals täglich und möglichst langsam ein Schnapsglas voll.

Spitzwegerichsirup

2 Handvoll junge Spitzwegerichblätter
½ l Wasser
500 g Zucker oder Honig

■ Spitzwegerich mit einem Nudelholz walken, in einen Topf füllen, Wasser dazugießen und alles 20 Minuten zugedeckt köcheln lassen. Dann absieben.

■ Zucker zugeben und den Sud bei mäßiger Hitze eindicken lassen. Dabei regelmäßig umrühren.

■ Sobald der Sud eine zähflüssige Konsistenz angenommen hat, beiseitestellen und abkühlen lassen.

■ Danach in saubere, dunkle Gläser füllen.

Der Sirup hilft besonders gut bei trockenem Reizhusten. 3x täglich 1 Teelöffel voll, bei Bedarf auch mehr.

MARLIES' TIPP

Gewusst wie

»Wer ein Drittel der Zuckermenge durch Traubenzucker ersetzt, verhindert das Auskristallisieren. Nochmaliges Erhitzen des Sirups hat dieselbe Wirkung.«

Zwiebelbonbons

300 g Zwiebeln
350 ml Wasser
350 g Zucker

◾ Zwiebeln würfeln und in einen Topf füllen, Wasser dazugießen und alles 30 Minuten köcheln lassen.

◾ Die Masse durch ein Sieb streichen, Zucker zugeben und den Zwiebelsud bei mäßiger Temperatur eindicken lassen. Gut umrühren.

◾ Ist die Masse zähflüssig genug, füllt man sie in einen Tortenring (ohne Boden), der auf einem hölzernen Schneidebrett liegt.

◾ Zum Festwerden stellt man das Ganze am besten in den Kühlschrank.

◾ Vor dem Öffnen des Tortenrings mit dem Messer einmal rundum schneiden. Dann die erstarrte Masse in Längsstreifen teilen und mit dem Messer vom Brett lösen.

MARLIES' TIPP:

Das zergeht auf der Zunge

»Wer 50 g Haushaltszucker durch 2 EL Glukosesirup (aus der Apotheke) ersetzt, sorgt dafür, dass die Bonbons klar bleiben. Reiner Zucker dagegen kristallisiert oft aus. Das hat zwar keine Auswirkungen auf die Heilwirkung, stört aber vielleicht beim Lutschen.«

◾ Zum Schluss alle Streifen in mundgerechte Stücke schneiden. Bonbons kühl lagern.

Auch mit Lutschbonbons vertreibt man leichten Husten. Sie sind jederzeit griffbereit, und Kinder lieben sie sowieso.

Der Gute-Nacht-Wein

1 Zimtstange
je 5 g Lavendelblüten und
  Blutwurz-Wurzeln
je 10 g Hopfendolden, Melissen-
  blätter, Johanniskrautblüten und
  Baldrianwurzel
1 l Rotwein

■ Die Zimtstange zerkleinern, Lavendelblüten abzupfen und die Blutwurz- und Baldrianwurzeln in kleine Stücke schneiden. Alle Zutaten in einen Krug füllen und mit dem Rotwein aufgießen.

■ 2 Wochen zugedeckt (mit Teller oder Holzbrett) an einem warmen Ort ziehen lassen. Hin und wieder schwenken.

■ Danach Kräuter abseihen, den Schlafwein in Flaschen füllen und verschließen.

Abends vor dem Zähneputzen ein Likörglas davon trinken.

Erste Hilfe aus der Natur

Bei Insektenstichen:

■ **Zwiebel** aufschneiden und die betroffene Stelle mit dem Saft einreiben. Haben Bienen oder Wespen zugestochen – am besten eine rohe Zwiebelscheibe auflegen und festbinden.

■ **Spitzwegerich**-Blätter zerreiben und den Saft auf die betroffene Stelle tupfen. Braucht man viel Saft, verknotet man mehrere Blätter und reibt den Krautknoten kräftig zwischen beiden Händen, bis der Saft austritt. Die kühlende, reizmildernde Wirkung hilft außerdem bei Brennnesselquaddeln.

■ Auch **Melisse** kühlt und lindert, wenn man frisch zerdrückte Blätter auflegt.

Bei kleinen Schnittwunden:

■ Zerquetschte **Spitzwegerich**-Blätter auf die Wunde legen und darüber ein großes Blatt wie ein Pflaster wickeln.

■ **Ringelblumenbalsam** kann im Gegensatz zu Arnika auch bei offenen Wunden aufgetragen werden.

SPÄTSOMMER

SONNE IM GLAS

Wie man Obst und Gemüse selbst einmacht, ist heutzutage fast in Vergessenheit geraten. Marlies Heinritzi erweckt die gute alte Tradition zu neuem Leben und stellt fest: Eine volle Vorratskammer macht glücklich – den ganzen Winter lang.

Wie poliert glänzen die Tomaten in der Sonne – so als warteten sie nur darauf, von mir gepflückt zu werden. In langen Reihen wechseln sich dicke, runde Zwiebeln mit erntereifen Möhren ab, und gleich im Beet nebenan hängen grüne Bohnen satt. Überall dazwischen blühen Ringelblumen und Kapuzinerkresse in leuchtenden Tönen. Hinter den Roten Rüben, die mit ihren Knollen mal wieder alle Größenrekorde schlagen, stehen Erbsen Spalier. Selbst der Zaun macht sich noch nützlich und trägt neben grünen Ranken die ersten orangeroten Kürbisse zur Schau. Mein Garten scheint sich wieder einmal selbst zu übertreffen. Aber damit ist er im August nicht allein: Schließlich haben wir jetzt die Zeit der Gemüseschwemme, und sämtliche Nutzgärten rundum stehen in voller Pracht.

Gemüse, Kräuter, Blumen – mir gefällt's, wenn nach Bauerngarten-Art alles bunt zusammengewürfelt wächst. Da macht das Ernten von Zucchini, Sellerie und Gurken gleich doppelt Spaß. Die oder lieber die? Die Auswahl fällt in diesen Wochen des Überschwangs nicht leicht – aber am liebsten nehme ich ohnehin gleich alle

101

Marlies erzählt

Gemüse, Kräuter, Blumen – mir gefällt's, wenn nach Bauerngarten-Art alles bunt zusammengewürfelt wächst. Da macht das Ernten von Zucchini, Sellerie und Gurken gleich doppelt Spaß.

mit, denn jetzt ist genau die richtige Zeit, um die Vitamine des Sommers in den Winter zu retten. Wie das geht? Na so, wie man das immer schon gemacht hat: Ich wecke Gemüse und Früchte in Gläser ein oder koche Marmelade daraus. Aber zuvor wird schnell noch ein wenig genascht: Zu einer frischen Gelben Rübe konnte ich schon als Kind nicht Nein sagen. Und auch beim Anblick der zuckersüßen Cocktailtomaten läuft mir das Wasser im Munde zusammen. Voll ausgereift und noch sonnenwarm von der Rispe gepflückt, schmecken sie einfach unwiderstehlich gut.

Zuwachs aus Übersee

Kaum zu glauben, dass sich die vitaminreichen **Tomaten** aus Südamerika hierzulande einst nur sehr zögerlich verbreiteten. Während man in Italien bereits seit über 300 Jahren feine Gerichte mit den »pomodori« kochte, fing man in Süddeutschland erst im letzten Viertel des 19. Jahrhunderts an, die »Goldäpfel« als Beigabe für Suppen, Soßen und Salate zu schätzen. Und noch 1866 wird berichtet, dass der »Liebesapfel« in nördlichen Teilen Deutschlands lieber als Zierpflanze gezogen wurde. Wer hätte wohl damals gedacht, dass nur wenige Generationen später eine Mahlzeit ohne Tomate kaum noch denkbar ist. Jedenfalls, wenn es nach dem Willen von Kindern und Jugendlichen geht.

Wie wär's denn mal mit einem selbst gemachten Ketchup? Dafür eignen sich Eiertomaten besonders gut. Aber ich gehe trotzdem vor wie die meisten Hobbygärtner auch: Ob orange und birnenförmig, grün-gelb gestreift und pflaumengroß oder knallrot und winzig wie eine Murmel, ich nehme alles, was sonnengereift ist. Entsprechend kunterbunt landen die Früchte dann in meinem Erntekorb und – zusammen mit einem orangeroten **Hokkaido-Kürbis** – später in der Küche. Letzterer schmeckt übrigens fein nach Esskastanien. Das ist auch der Grund, warum man ihn in unseren Breiten Maroni-Kürbis nennt. Gerade mal 20 Jahre ist es her, dass diese Riesenbeere, benannt nach einem der japanischen Hauptinsel vorgelagerten Eiland, bei uns erstmals auftauchte. Der Erfolg war durchschlagend, und jetzt ist der Kürbis schon in aller Munde.

Zu einer steilen Küchenkarriere hat es auch eine andere Spielart des Gartenkürbisses gebracht: Zucchini kennt man bei uns erst seit den 1970er-Jahren. Bis zur Entdeckung des »kleinen Kürbisses«, von Italienisch »zucca«, hat man hierzulande Gurken süßsauer eingeweckt. Bei mir übernehmen inzwischen immer mehr die Zucchini diese Rolle und verdrängen die empfindlicheren Gurken aus den Gemüsebeeten wie aus den Einmachgläsern. Meine Gäste im Biergarten sind davon begeistert,

Marlies erzählt

Es ist ein richtig schönes Gefühl, wenn die selbst gemachten Wintervorräte schließlich dicht an dicht im Regal stehen.

denn auch süßsauer eingeweckte Zucchini passen wunderbar zu einer herzhaften Brotzeit. Wäre das nicht die ideale Anregung für alle Gärtner, die die Zucchini-Schwemme plagt? Wer es leid ist, beim Mittagessen in die langen Gesichter seiner Lieben zu schauen, und es satthat, die walzenförmigen Früchte wie Sauerbier in der Nachbarschaft anzupreisen, der legt sie einfach ein. Im Winter freuen sich dann wieder alle darüber.

Früher waren gute Ernten überlebenswichtig, denn die Menschen mussten sich mit ihren selbst eingelegten **Vorräten** durch den Winter bringen. Heute bräuchte sich keiner mehr die Arbeit zu machen. Es gibt schließlich alles zu kaufen. Aber weiß man auch, was da so alles drin ist? Deshalb, keine Frage, koche ich mein Obst und Gemüse – genau wie meine Mutter und zuvor die Großmutter – lieber selber ein: Zwetschgen in Rotwein und Zucchini in pikantem Essigsud. Künstliche Konservierungsstoffe sind damit überflüssig.

Alles, was meine Mutter in ihrem großen Kellerregal als Wintervorrat aufbewahrte, schmeckte einfach wunderbar. Glas an Glas standen sie dort aufgereiht: süßsaure Gurken neben dem eigenen Bienenhonig, selbst gemachte Marmeladen aller Art zwischen Apfelmus und Kompott aus Birnen, Kirschen, Zwetschgen und Renekloden. Ich kam mir vor wie im Schlaraffenland. Und das Allerschönste: Wir Kinder durften uns nehmen, wonach uns gerade der Sinn stand. Nur wenn es um Süßigkeiten aus dem Dorfladen ging, da mussten mein Bruder und ich lange betteln – weil Mutter so ungern Geld ausgab. Na, besser so, das Naschen im Keller war ohnehin bekömmlicher.

Auch meine selbst hergestellte **Gemüsebrühe** enthält übrigens Natur pur und nur das Beste aus dem Garten: Lauch, Möhre, Zwiebel, Sellerieknolle und das frische Grün des Liebstöckels. Ein paar weitere Kräuterzutaten wähle ich ganz nach Gusto und Saison – momentan gehören die kieselsäurehaltigen Blätter des wilden Spitzwegerichs und die senfölhaltige Kapuzinerkresse zu meinen Lieblingsgewürzen.

Gemüse waschen, schälen, hobeln, raspeln, würfeln, pürieren und passieren, erhitzen und abfüllen – damit verbringe ich im Spätsommer viele Stunden. Und am Ende eines jeden Tages stapeln sich allerlei bauchige und schlanke Gläser mit faszinierendem Inhalt bei mir zu Hause. Wer sie sieht, würde sie am liebsten gleich wieder öffnen – das eingelegte Gemüse, die Marmeladen und Kompotte, der Ketchup und die gekörnte Brühe sehen eben einfach zu verlockend aus. Übrigens ist so ein Glas mit fruchtig-süßem oder pikantem Inhalt auch ein gern gesehenes **Mitbringsel.** Vor dem Verschenken setze ich dem Glas noch schnell ein Häubchen aus einem Stoffrest auf. Wird es mit der Zickzack-Schere in Form geschnitten, fransen die Ränder weniger aus.

Es ist ein richtig schönes Gefühl, wenn die selbst gemachten Wintervorräte schließlich dicht an dicht im Regal stehen. Und das geht sicher nicht nur Hamsternaturen so, ein kleiner Rest Jäger-und-Sammler-Gefühl verbirgt sich wohl in jedem von uns. Und auch wenn es heute nicht mehr ums pure Überleben geht – in jedem einzelnen Glas stecken Liebe und Sonne drin. Probieren Sie doch mal!

Zucchini süßsauer

Für 7–8 Gläser à 500 g

2 kg Zucchini
1 kg Paprika (rot, gelb, grün)
½ kg Zwiebeln

Für den Sud:

1 Flasche Gurkenessig
1 l klarer Apfelsaft
1½ l Wasser
150 g Zucker
2 TL Curry
Saft von 2 Zitronen
4 TL Salz
je 1 TL Dill (gerebelt), weiße Pfefferkörner,
  Senfkörner
10 kleine Knoblauchzehen (ganz)

◾ Gemüse fein schneiden oder hobeln.
◾ Dann die Zutaten für den Sud in einen großen
Topf füllen und kurz aufkochen.
◾ Das Gemüse dazugeben und alles nochmals
5 Minuten kochen lassen.
◾ Anschließend in saubere Gläser abfüllen und
gleich verschließen.

In Gläsern mit Schraubverschluss hält das süßsaure Gemüse etwa ein Jahr.

Erfahrungswerte

»Absolute Sauberkeit ist oberstes Gebot
bei der Vorratshaltung«, sagt Marlies Heinritzi. Deshalb reinigt sie die Gläser vor dem
Einkochen gründlich und spült sie heiß aus.
»Schraubdeckel lege ich vor der Benutzung
in den Wasserkocher und drehe sie erst
frisch abgekocht aufs Glas.«

Wer auf Nummer sicher gehen will, steri-
lisiert die aufgefüllten Gläser, etwa beim
Ketchup, zusätzlich im Ofen. Dazu ein tiefes
Backblech mit Wasser füllen, Gläser rein-
stellen, Ofen auf 200 °C heizen und etwa
15 Minuten sterilisieren.

Kürbis-Tomaten-Ketchup

Für 3 Flaschen à ½ Liter

700 g Kürbis-Fruchtfleisch
(besonders aromatisch
ist Hokkaido-Kürbis)

500 g reife Tomaten

2 große Zwiebeln

2 Knoblauchzehen

1–2 Chilischoten (oder Paprika,
wenn es weniger scharf sein soll)

1 kleines Stück Ingwerwurzel
(gemahlen: 1 Msp.)

je 1 TL Piment und Koriander,
gemahlen

2 EL Salz

4 EL Oliven- oder Sonnenblumenöl

4 EL Zucker

150 ml Wasser (oder Rotwein)

5 EL Weißweinessig

■ Gemüse schälen, entkernen, klein schneiden und in einen Topf füllen.

■ Gewürze, Öl und Zucker dazugeben und mit Wasser aufgießen.

■ Alles 45 Minuten köcheln lassen, dann die breiige Masse durch ein Sieb streichen.

■ Essig zugeben und nochmals 15 Minuten kochen.

■ Anschließend heiß in Flaschen füllen.

Dieser Ketchup eignet sich auch als Grundlage für Saucen und zur Verfeinerung von Gulasch.

MARLIES' TIPP

Welche Farbe darf's denn sein?

»Wer Lust auf typisches Ketchup-Rot hat, verwendet Paprika statt Kürbis und gibt zusätzlich ½ Teelöffel Pfefferkörner, 1 Lorbeerblatt, 1 Messerspitze gemahlene Muskatnuss und Kräuter wie Oregano, Basilikum und Liebstöckel dazu. Will man schnell eine Tomatensauce zubereiten, verflüssigt man den Ketchup einfach mit Wasser.«

Für jede Verwendungsart die richtige Tomate

Stabtomaten nimmt man aufgrund ihrer schnittfesten Früchte gerne für Salat.

Flaschen- oder Eiertomaten wie die bekannten ›Roma‹ eignen sich zum Kochen von kräftig gefärbten Pastasaucen, für Suppen und Ketchup.

Fleischtomaten dagegen halten die Form – selbst auf dem Grill.

Kleinfrüchtige Tomaten sind, wie der Name **Cocktail- und Kirschtomate** schon vermuten lässt, Naschwerk im Vorbeigehen und Snack auf jedem Vitamin-Büfett.

Gelbe und orangegelbe Tomaten gelten als besonders verträglich und werden daher von Menschen mit empfindlichem Magen bevorzugt.

Zwetschgen in Rotwein

Für 4 Portionen

    1 kg Zwetschgen
    ¼ l Rotweinessig
    1 kg Zucker
    ½ Zimtstange
    2 Nelken
    1 Prise geriebene Muskatnuss
    ¼ l Rotwein

■ Die Zwetschgen mit einem Tuch oder Küchenkrepp abreiben und entsteinen.

■ Essig, Zucker, Zimtstange, Nelken und Muskat aufkochen.

■ Dann die Zwetschgen dazugeben und alles 10 Minuten köcheln lassen.

■ Die Früchte herausnehmen und in frisch gespülte saubere Gläser füllen.

■ Zuletzt noch den Rotwein zum Sud hinzufügen (Nicht mehr aufkochen!). Danach alles heiß über die Zwetschgen gießen. Gläser verschließen und kurz auf den Kopf stellen.

Die eingekochten Zwetschgen halten bis zur nächsten Ernte, sollten aber vor dem Genuss mindestens 4 Monate durchziehen.
Serviert werden die Zwetschgen in Rotwein zu Eis, Pudding, Panna Cotta oder Bayrisch Creme.

Pflaume oder Zwetschge – wer ist wer?

Zu den Pflaumen zählen sie alle: die rundlichen **Eierpflaumen,** die meist etwas später reifenden **Zwetschgen** mit ihren länglichen Früchten, die kirschgroßen **Mirabellen** und die grünlich gelben oder blauroten **Reneklöden.** Im Norden Deutschlands verwandelt sich die Zwetschge übrigens in eine Zwetsche, in Österreich wird sie zur Zwetschke. Doch wie auch immer – sie zu erkennen ist nicht schwer: In der Zwetschge ist der Kern, im Gegensatz zum rundlichen Steinkern der übrigen Pflaumen, doppelt zugespitzt.

MARLIES' TIPP

Keine halben Sachen?

»Manche Leute finden ganze Zwetschgen dekorativer. Dann sticht man die Früchte vor dem Einkochen mehrmals mit der Nadel ein. So dringt der Sud bis ins Fruchtfleisch vor.«

Gekörnte Gemüsebrühe

Für ca. 300 g

1 große Zwiebel
1 Gelbe Rübe
½ kleine Sellerieknolle
⅓ Lauchstange
100 g frische Kräuter (z. B. 40 g
    Liebstöckel, 40 g Kapuziner-
    kresse-Blätter und -Blüten,
    20 g Spitzwegerich-Blätter)

◼ Die Zwiebel schälen, das restliche Gemüse waschen und alles klein schneiden, danach in den Mixer füllen und pürieren.

◼ Ein Backblech mit Backpapier auslegen und den Brei dünn aufstreichen.

◼ Das Blech in den Backofen schieben und bei 100 °C ca. 3–4 Stunden backen. Dabei die Masse immer mal wieder durchschütteln oder mit einem Holzspatel vorsichtig durchmengen.

◼ Danach stürzen und das Papier abziehen. Die Trockenmasse mit den Fingern abbröseln oder nochmals in den Mixer geben.

◼ Wird die abgekühlte Gemüsebrühe luftdicht in einem Schraubglas aufbewahrt, hält sie 1 bis 2 Jahre.

Apfel-Kürbis-Marmelade

Für 10 Gläser à 150 ml

500 g Kürbis
500 g Äpfel
1 kleines Stückchen Ingwer
200 ml Wasser
500 g Gelierzucker
1 TL Zitronensaft

■ Den Kürbis schälen und in kleine Stücke schneiden, die Äpfel ebenfalls schälen und vierteln.

■ Alles zusammen mit dem Ingwerstückchen und dem Wasser in einen Topf geben und weich dünsten.

■ Danach pürieren und mit Gelierzucker nach Angabe zu Marmelade kochen.

■ Zitronensaft zugeben und noch heiß in Gläser füllen.

MARLIES' TIPP

Welcher Kürbis ist der richtige?

»Gut für Marmeladen geeignet sind Muskat-Kürbis und die Sorte ›Kleiner Süßer‹. Wer den orangefarbenen ›Hokkaido‹ verwendet, darf sogar die Schale dranlassen. Das Ergebnis: eine leuchtend karottenrote Marmelade, die auch jenen schmeckt, die angeblich keinen Kürbis mögen.«

Wussten Sie schon …?

… **dass** die orangefleischigen Kürbissorten bis zu zwölfmal mehr Carotinoide enthalten als Möhren?

… **dass** Kürbiskern-Knabbern sehr gesund ist? In den Samen steckt ein besonders hochwertiges Fett, das reich ist an ungesättigten Fettsäuren und Phytosterinen. Letztere senken den Cholesterinspiegel und haben eine positive Wirkung auf Blase und Prostata.

… **dass** Gärtner in Sommer- und Winterkürbisse trennen? Erstere erntet man – wie etwa die Zucchini – im jungen Stadium und verzehrt sie samt Schale. Die anderen müssen komplett ausreifen, damit sich ihr Geschmack perfekt entfaltet. Erst wenn sich der Stiel holzig anfühlt und der Kürbis beim Anklopfen hohl klingt, ist er entereif.

IM SIEBTEN KÄSEHIMMEL

Viele Menschen essen gerne Käse – aber
dass man ihn auch selber machen kann,
das wissen nur die wenigsten. Dabei müsste
man doch einfach nur mal Marlies Heinritzi
über die Schulter schauen …

»Selber käsen, geht das tatsächlich?« und
»Schmeckt das dann überhaupt?«: Die anfänglichen Zweifel der Zuschauer sind nicht zu
überhören. Und schon bin ich mittendrin im
»Almsommer« – einer von vier Veranstaltungen
jährlich, bei der Groß und Klein auf der Glentleiten miterleben können, wie man Käse nach
altem Rezept herstellt.

Aber was heißt hier eigentlich Käse? Da gibt es
unglaublich viele Sorten in den unterschiedlichs-
ten Geschmacksrichtungen. Und das Faszinie-
rende dabei: Sie alle entstehen aus der gleichen
Kuhmilch. Man unterscheidet Schnittkäse – wie
Tilsiter und Edamer – und halbfesten Schnittkäse, zu dem der Butterkäse gehört. Wir kennen
Weichkäse – wie Camembert, Feta oder Brie –
und den streichfähigen Frischkäse. Und dann ist
da auch noch der Hartkäse in vielerlei Variationen.

Diesmal aber steht Weichkäse auf unserem Pro-
gramm: ein weißer, krümeliger Käse mit feinem
Aroma, der auch Ungeübten gelingt und innerhalb von wenigen Stunden fertig ist. Doch selbst
Weichkäse ist nicht gleich Weichkäse: Jeder hat
seinen eigenen Charakter, der von den Zutaten und von der Herstellung abhängt. Ich zum
Beispiel verwende für meinen Käse am liebsten
frische Kuhmilch, direkt vom Bauernhof. Mit ihr
schmeckt der Käse anders und vor allem besser
als mit pasteurisierter Milch aus dem Supermarkt.
Doch auch die kann man verwenden. Womit es
jedoch gar nicht klappt, ist H-Milch – denn beim
»Ultrahocherhitzen« stirbt jedes für die Käsezu-
bereitung nützliche Bakterium ab (Ausnahme
der Blitz-Mozzarella von Seite 73). Ziegen- oder
Schafsmilch sollte man wegen des hohen Fettan-
teils mit Wasser verdünnen.

Bevor es an die Arbeit geht, noch schnell ein paar Worte zur **Hygiene:** Alle Gerätschaften, die man fürs Käsen benutzt, sollten vorher mit heißem Essigwasser abgewaschen und anschließend mit klarem heißen Wasser nachgespült werden, damit gefährliche Bakterien keine Chance haben. Dann geht's auch schon los – mit der Zugabe eines »Säureweckers«. Darin enthalten sind Milchsäurebakterien, die, wie der Name sagt, die Säuerung »wecken«, das heißt den Milchzucker zu Milchsäure abbauen. Klingt kompliziert, ist aber ganz simpel: Ich rühre einfach ein paar Löffel Buttermilch in die Frischmilch. Das Ganze klappt aber genauso gut mit Kefir oder Joghurt.

Damit die Milch gerinnt, sich Molke absetzt und der Käse entsteht, braucht man außerdem **Lab** – jedenfalls wenn man, wie ich, auf klassische Art käsen möchte. Manche schwören stattdessen auf Zitronensaft oder Essig. Das ist im wahrsten Sinne des Wortes Geschmackssache, denn natürlich schmeckt man später diese Gerinnungshilfen auch heraus.

Wer will, kann das Käsen sogar mit dem **Echten Labkraut** probieren. Das ist eine Pflanze, die in ihren Wurzeln Lab-Ferment enthält und dadurch ebenfalls Milch zum Gerinnen bringt. Man findet sie auf Äckern, an Wegrändern, Bahndämmen und auf Schutthalden – und erkennt sie an ihren nadelförmigen Blättern und den zitronengelben Blüten, die nach Honig duften. Schon die alten Griechen nutzten das Echte Labkraut, um Käse herzustellen. Heute nimmt man jedoch lieber zuverlässige Gerinnungshilfen. Der englische Cheddar-Käse allerdings wird immer noch mit Hilfe von Labkraut gefärbt.

Soll das Käsen gelingen, braucht es neben ein paar wenigen Utensilien auch noch **Geduld,** um zwischen den einzelnen Arbeitsschritten die nötigen Pausen einzuhalten. Wichtig ist außerdem die richtige Temperatur: Wird die Milch zu heiß, schadet das der eingerührten Buttermilch – die Milchsäurebakterien vermehren sich dann nicht optimal. Der zweite Grund, warum man ein Thermometer braucht: Kühlt die Milch zu sehr ab, klappt's mit der Gerinnung nicht so recht.

Geht dagegen alles gut, ist bald festzustellen, dass im Topf richtig was passiert: Die flüssige Milch verwandelt sich in eine Art weißen Pudding, der sich als Ganzes vom Topfrand löst, sobald man den Topf schräg hält. Dann folgt der nächste Schritt: Die Käsemasse wird bis zum Topfboden hinunter in Würfel geschnitten. Daraufhin tritt **Molke** als grünlich gelbe Flüssigkeit aus – und übrig bleibt der sogenannte **Käsebruch.** Als Faustregel gilt: Je kleiner die Stücke, desto weniger Molke bleibt im Bruch und umso fester wird hinterher der Käse.

Molke – so gesund

Molke, auch Käsewasser genannt, zählt zu den ältesten Gesundheitsgetränken und wurde bereits vor rund 2400 Jahren von Hippokrates verschrieben – bei Problemen mit Übergewicht, Hautausschlag und Arthritis.

Moderne Wissenschaftler empfehlen Molke immer noch – etwa als kalorienarmen Durstlöscher, der neben Wasser wichtige Mineralstoffe, hochwertiges Eiweiß, verdauungsfördernden Milchzucker und Vitamine enthält. Wer Sport treibt, kann durch Molke die ausgeschwitzten Mineralstoffe und verloren gegangenen Zuckerreserven optimal ersetzen.

Ich trinke Molke am liebsten mit pürierten Himbeeren oder anderen frischen Früchten aus dem Garten. Mit dem Mixer geht das fix und schmeckt wunderbar fruchtig.

Jetzt ist es also so weit: Die **Käsemasse** muss nur noch von der Molke getrennt werden. Dazu verwende ich einen gelochten Kunststoffbehälter, der mit einem kochfesten Mulltuch oder einem über die Jahre dünn gewordenen Geschirrtuch ausgelegt ist. Hauptsache, die Flüssigkeit kann gut ablaufen. Fehlt die Profi-Käseform, ist das aber auch nicht weiter schlimm: Dann greift man eben zu einem großen Sieb, legt auch das mit einem Tuch aus und hängt das Ganze über eine Schüssel. Allerdings nimmt der Käse so keine exakte Form an, sondern ähnelt eher einem flachgedrückten Ball.

Ist die Molke abgelaufen, ist der **Weichkäse** fertig. Das dauert allerdings ein paar Stunden – und so lange können meine Zuschauer natürlich nicht warten. Deshalb stelle ich ihnen zum Probieren schon mal ein paar Käse-Köstlichkeiten auf den Tisch: Ein Einmachglas voller Käsewürfel in Öl und Weichkäse-Scheiben, auf einem Brotzeitbrett serviert. Und zum Trinken stehen Becher mit Molke bereit. Mmmmh, schmeckt das gut! Die Arbeit hat sich wirklich gelohnt!

Marlies erzählt

Soll das Käsen gelingen, braucht es neben ein paar wenigen Utensilien auch noch Geduld, um zwischen den einzelnen Arbeitsschritten die nötigen Pausen einzuhalten.

Von der Milch zum Weichkäse

Für 400 g Weichkäse

4 l frische Rohmilch (vom Bauernhof)
8 EL Buttermilch
16 Tropfen Lab (aus der Apotheke)
100 ml lauwarmes Wasser

Außerdem braucht man einen großen Topf, einen Schneebesen, ein (Braten-)Thermometer, ein langes Messer bzw. eine Tortenpalette, eine flache Schaumkelle, einen Schöpflöffel, eine gelochte Kunststoffform und ein kochfestes Mulltuch.

■ Milch in den Topf füllen und auf 25 – 27 °C erwärmen.

■ Buttermilch mit dem Schneebesen unterrühren und die Flüssigkeit für 30 Minuten bei Zimmertemperatur zugedeckt stehen lassen.

■ Jetzt die Milch auf 32–34 °C erwärmen, das Lab erst mit Wasser mischen und dann mit dem Schneebesen einrühren. Anschließend den Schneebesen kurz in die entgegengesetzte Richtung bewegen, bis die Milch zum Stillstand kommt.

■ Damit die Milch ihre Temperatur beibehält, den Topf eventuell in eine Decke wickeln. Und danach zugedeckt nochmals für rund 30 Minuten an einen warmen Platz stellen. In dieser Zeit nicht umrühren!

■ Ist die Milch fest geworden (Messerprobe!), schneidet man längs und quer ein Gitter mit

etwa 3 cm Seitenlänge hinein – und zwar bis zum Topfboden hinunter. Zwischen den entstandenen Säulen kann jetzt die Molke austreten.

■ Danach mit der Schaumkelle walnussgroße Würfel aus den Säulen schneiden: Dazu die Schaumkelle von oben nach unten spiralförmig durch die Käsemasse bewegen. Nochmals 15 Minuten warten, während weitere Molke austritt.

■ Anschließend den Bruch wieder mit der Schaumkelle durchrühren, bis die Bruchstückchen nur noch Haselnussgröße haben und zusätzliche Molkeflüssigkeit frei wird.

■ Nach weiteren 15 Minuten Wartezeit Molke mit dem Schöpflöffel abschöpfen. Die gelochte Kunststoffform mit dem Mulltuch auslegen und die Käsemasse hineinheben oder -gießen.

■ Dann die Form zum Abtropfen in eine Schüssel (öfter ausleeren) oder auf einen Gitterrost über der Spüle stellen.

■ Nach 1 Stunde Wartezeit den Käse in der Form vorsichtig wenden – und das Umdrehen stündlich insgesamt dreimal wiederholen.

■ Schließlich den Käse aus der Form nehmen und bei 10–12 °C über Nacht (vor Fliegen sicher) aufbewahren, damit er Zeit hat nachzureifen.

Der Weichkäse kann frisch verzehrt oder in Würfel geschnitten und in Öl eingelegt werden.

Gefäße fürs Käsen

Als Käseformen eignen sich Kunststoffbe-hälter wie kleine Eimer und Eisbecher, die rundum mit Löchern versehen werden. Wer allerdings wie die Profis käsen möch-te, schaut sich im Fachhandel um. Dort sind Gefäße in unterschiedlichen Größen und Formen – von rund über eckig bis herzförmig – erhältlich. (Weitere Infos auf Seite 185)

So gesund!

Käse liefert die wertvollen Nährstoffe der Milch in konzentrierter Form. Er enthält lebenswichtige Mineralstoffe und Spuren-elemente – und trägt durch seinen ho-hen Kalziumgehalt zum Aufbau und Erhalt von Knochen und Zähnen bei. Bereits 100 Gramm Schnitt- oder Hartkäse decken zum Beispiel den Tagesbedarf eines Erwachse-nen an Kalzium.

Übrigens: Käse ist auch deshalb gesund für die Zähne, weil seine Inhaltsstoffe schäd-liche Säuren im Speichel teilweise neut-ralisieren.

Käse im Glas

Für 4 Gläser à 250 ml

400 g Weichkäse
2 Paprika
5 Tomaten
½ Bund Schnittlauch
1 Prise Kräutersalz
400 ml Distel-, Sonnenblumen-, Raps-
oder Olivenöl

■ Käse in Würfel, Paprika in Streifen, Tomaten in Stückchen und Schnittlauch in feine Röllchen schneiden.
■ Sämtliche Zutaten in ein Weckglas schichten und mit Öl auffüllen, bis alles gut mit Flüssigkeit bedeckt ist.
■ Zugedeckt kühl stellen und durchziehen lassen.

Im Kühlschrank aufbewahrt, hält dieser Käse eine Woche.

BAMBERGER HÖRNCHEN UND ROSA TANNENZAPFEN

Auch wenn sich heutzutage vor allem Agria & Co. im Supermarktregal tummeln: Es gibt sie noch, die wunderbaren alten Kartoffelsorten in bunten Farben, vielen Formen und Geschmacksrichtungen. So vielfältig wie ihr Aussehen sind auch die Verwendungsmöglichkeiten der »Erdäpfel«.

Die selbst angebauten Kartoffeln aus der Erde zu graben, bereitet mir großes Vergnügen, es ist fast wie eine Schatzsuche. Nur ein paar vorsichtig gesetzte Stiche mit der Grabgabel, und schon werde ich fündig. Bald darauf liegt mir dann die gesamte Ernte zu Füßen. Was für eine Vielfalt an Knollen: Rosa, rot, gelb, blau, lila, sogar eine gescheckte Variante findet sich darunter. Rund, oval, fingerlang oder zu Hörnchen gebogen – auch was die Form angeht, ist Kartoffel

nicht gleich Kartoffel. Und erst der Geschmack: Würzig-aromatisch oder cremig-mild zergehen die gekochten Bodenschätze später auf der Zunge, manchmal sogar mit einem Hauch von Frucht, Nuss, Speck oder Marzipan. Auf alle Fälle sind diese Erdäpfel viel zu schade für immer nur Püree und Pommes.

Warum machen wir es eigentlich nicht wie **Antoine Parmentier?** Der Militärapotheker und Agronom war ein leidenschaftlicher Kartoffelfan und verhalf der bodenständigen Knolle im 18. Jahrhundert in seinem Heimatland Frankreich zu einiger Popularität. Wie es heißt, ließ er seinen Koch sogar ein Festessen mit 20 Gängen kreieren – und jeder einzelne Gang bestand aus Kartoffeln, selbst das Dessert und der Kaffee. Wenn ich will, kann ich das auch. Na gut, vielleicht nicht gleich 20 Gänge, und Kartoffel-Kaffee muss auch nicht unbedingt sein. Aber wie wär's mit einem typisch ländlichen Menü, bestehend aus Suppe, zwei Hauptgängen zur Wahl, Nachspeise und einer Brotzeit am Nachmittag?

Unter der Vielfalt an Kartoffelsorten treffe ich meine Wahl ganz bewusst: Für meinen ersten Gang – die Suppe –, aber auch für alle Arten von Eintopf, wähle ich mehlige Varianten aus. Zu ihnen

gehören zum Beispiel die runde ›Ackersegen‹ aus dem Jahre 1929 oder die Kartoffel des Jahres 2011 namens ›Ora‹. Ganz typisch für beide: Die Schale platzt beim Kochen leicht auf, und das grobkörnige, trockene Innere zerfällt fast von selbst. Diese mehligkochenden Kartoffeln gehören daher in alles, was nach einer sämigen Flüssigkeit verlangt oder was zerstampft oder püriert wird – also auch in Klöße, Knödel oder Püree.

Anders sieht es beim Hauptgang aus. Für Auflauf und Gratin sollte die knollige Zutat ihre feste Konsistenz behalten. Das klappt zum Beispiel mit der Sorte ›Hansa‹: gelbe Schale, gelbes Fleisch, ovale Knolle, kräftiger Geschmack. Doch ich schäle nicht nur sie, sondern meist auch noch ein paar bunte Exemplare dazu – wie etwa die rotfleischige ›Rosemarie‹ und die blaulila gefärbte ›Violetta‹. Zwischen den gelben Kartoffelscheiben sorgen sie für zusätzliche Farbtupfer und bringen auch noch geschmacklich Abwechslung hinein.

Vielfalt mit Tradition

So ungewöhnlich und neu die bunten Varianten auch wirken, die Sorte ›Rosa Tannenzapfen‹ mit pinkfarbener Schale zum Beispiel ist in unseren Breiten bereits seit 160 Jahren bekannt. Und in Peru und Bolivien, der Urheimat der Kartoffel, wurde die farbenprächtige Vielfalt sogar schon vor Jahrtausenden auf den Äckern gezogen. Im 16. Jahrhundert schließlich gelangte die stärkehaltige Knolle nach Europa – darunter, wie man weiß, auch eine rotschalige Variante mit großen violettfarbenen Blüten.

Marlies erzählt

Einige meiner liebsten Kartoffelrezepte stammen übrigens aus Großmutters handgeschriebenem Kochbuch.

Die Sorte ›Desirée‹ gibt richtig feine Rahmkartoffeln ab. Gekocht werden die rötlichen Knollen mit dem fruchtig-saftigen Geschmack am besten in einem Topf mit Dämpfeinsatz – so bleiben die Vitamine besser erhalten. Wer will, kann auch noch ein paar ovale, gelbe Knollen der Sorte ›Linda‹ mit in den Topf legen. ›Linda‹, die manche Gärtner für die Königin unter den deutschen Kartoffeln halten, wäre fast aus dem Sortiment verschwunden. Aber nach langem, zähem Ringen mit Züchter und Behörden ist die 40 Jahre alte Kartoffel weiterhin zu haben und darf auch wieder als Pflanzgut gehandelt werden.

206 Sorten sind derzeit in Deutschland als Saatkartoffeln zugelassen. Vor gut 100 Jahren kultivierte man hierzulande noch um die 1500 Varianten, und jeder Landstrich hatte seine eigenen Regionaltypen – wie etwa die ›Angelner Zapfen‹ oder die ›Bamberger Hörnchen‹. Letztere, eine 140 Jahre alte Delikatesse mit butterartigem Geschmack, erkennt man fast schon auf den ersten Blick – an der eigenwillig gekrümmten Form und an den tiefliegenden Augen. Von Generation zu Generation wurde diese Fingerling-Kartoffel einst im Bamberger Raum weitergegeben, bis sie dann doch fast in Vergessenheit geraten wäre. Genau wie zwei weitere Sorten aus meinem Erntekorb, die mit fortschreitender Industrialisierung der Landwirtschaft nicht mehr ins Massenertrag-Schema passten: Die längliche ›Mandelkartoffel‹, eine aromatische, 70 Jahre alte Züchtung aus Lappland fiel wegen ihrer für Erntemaschinen schwer zu verarbeitenden Form durchs Raster. Die französische ›Bonnotte‹ blieb wegen der empfindlich dünnen Schale, die bei der maschinellen Verarbeitung zu leicht verletzt wurde, außen vor. Dass diese Feinschmecker-Kartoffeln nicht für immer von der Bildfläche verschwunden sind, ist nur den Liebhabern alter Landsorten und den Hobbygärtnern zu verdanken. Im eigenen Garten kommt es eben weniger auf Masse als vielmehr auf Klasse an.

Nach anfänglichen Startschwierigkeiten hierzulande – die Kartoffel galt zuerst als exotischer Augenschmaus, dann als Schweinefutter – gehört die schmackhafte Knolle seit dem 18. Jahrhundert zu unseren Grundnahrungsmitteln. Und natürlich bepflanzte man auch bei uns im Voralpenland viele Äcker mit Kartoffeln. Es waren so große Flächen, dass wir Kinder sogar von der Schule aus zum Kartoffelkäfer-Sammeln geschickt wurden: Für jedes abgesammelte Exemplar winkte ein Pfennig Finderlohn.
Auf unserem Hof bauten wir natürlich auch Erdäpfel an – aber nur für den eigenen Bedarf. Der war allerdings ziemlich hoch, denn täglich gab's Kartoffeln: als Knödel, als Fingernudeln, als Bröselhafer (Rezept siehe Seite 87) und auf viele weitere Arten zubereitet. Aber wenn ich ehrlich bin: Am allerbesten haben uns Kindern die Erdäpfel geschmeckt, die wir selbst am Lagerfeuer rösteten – unten auf einer Kiesbank an der wild rauschenden Loisach. Winnetou wäre bestimmt gern dabei gewesen, wenn wir die in der Schale gegarten Kartoffeln aus der Glut fischten.

Einige meiner liebsten Kartoffelrezepte stammen übrigens aus Großmutters handgeschriebenem Kochbuch – so auch mein zweites Beispiel für einen Kartoffel-Hauptgang – die Kartoffelnudeln. Das herzhafte Gericht ist eine Spezialität aus Süddeutschland und im Schwäbischen unter dem Namen Schupfnudeln bekannt. In Bayern sagt man auch Fingernudeln dazu, im Fränkischen kennt man die etwas schlankere und spitzere Form als Bauchstecherla. Kartoffeln als Hauptgang – dass das kein Problem ist, wäre also mit links bewiesen. »Aber was ist mit dem Nachtisch?«, höre ich da die Skeptiker fragen.

Keine Sorge, das klappt auch ganz prima: Ich verwende für meinen Kuchen einfach Kartoffeln statt Mehl. Die gekochten und geschälten Erdäpfel kann man entweder heiß durchpressen, oder man wartet, bis sie kalt sind, und reibt sie dann kurz und klein. Für Gebäck empfehle ich übrigens gern die Sorte ›**Mayan Twilight**‹. Die schottische Neuzüchtung mit der dekorativ rot-gelb gefleckten Schale wird ihres nussig-süßlichen Geschmacks wegen auch Marzipankartoffel genannt. Schon nach zehn Minuten Kochzeit ist sie gar.

Befindet sich der Kuchen dann im Backrohr, beginne ich einen Schwung Erdäpfel vom Vortag zu schälen. Denn zum Abschluss unseres Kartoffeltages soll es noch eine passende Brotzeit geben. Kartoffelkäse wird sie genannt und versetzt Gäste regelmäßig in Erstaunen. Aber so ist das eben – die tolle Knolle ist immer für eine Überraschung gut!

Kartoffelsuppe

Für 4 Teller Suppe

500 g mehlige Kartoffeln
2 Möhren
½ Sellerieknolle
1 kleine Stange Lauch
1 Zweiglein Liebstöckel
½ Zwiebel
30 g Butter
½ l Gemüsebrühe oder Fleischsuppe
Salz und Pfeffer

■ Kartoffeln, Möhren, Sellerie waschen und schälen bzw. putzen und in 1 cm große Würfel schneiden. Den Lauch ebenfalls säubern, der Länge nach halbieren und in schmale Streifen teilen. Liebstöckel fein hacken.

■ Die halbe Zwiebel schälen, fein würfeln und in der Butter glasig dünsten.

■ Sellerie und Möhren dazugeben. 5 Minuten unter Rühren weitergaren.

■ Dann die Kartoffeln einfüllen, ebenfalls kurz andünsten und mit Gemüsebrühe oder Fleischsuppe aufgießen.

■ Alles zum Kochen bringen, danach bei reduzierter Hitze weiterköcheln lassen. Nach 15 Minuten Lauch und Liebstöckel zugeben, mit Salz und Pfeffer abschmecken und den Topf nach weiteren 5 Minuten vom Herd ziehen.

Kartoffelnudeln

1 kg mehlige Kartoffeln
500 g Magerquark
2 Eier
150 g Mehl
je 1 TL Salz und Pfeffer
150 g Butterschmalz (bzw. Pflanzenfett
oder -öl) zum Ausbacken

- Kartoffeln kochen, schälen und noch heiß durch die Kartoffelpresse drücken, abkühlen lassen.
- Mit (abgetropftem, trockenem) Quark, Eiern, Mehl, Salz und Pfeffer vermengen – bis sich der Teig gut formen lässt (das geht am besten mit einer Teigkarte).
- Dann den Teig in mehrere Teile portionieren und diese zu gut fingerdicken Rollen formen.
- Alles in ca. 3 cm lange Stücke schneiden und etwas nachwalzen, damit die Enden abgerundet sind.
- In heißem Butterschmalz goldgelb ausbacken.

Kartoffelnudeln werden traditionell mit Sauerkraut serviert. Sie schmecken aber auch sehr gut zu gedünstetem Wirsing.

MARLIES' TIPP

Suppen-Variationen

»Ist gerade kein Liebstöckel zur Hand, nehme ich Petersilie. Einen besonders herzhaften Geschmack bekommt die Kartoffelsuppe, wenn man eine fein gehackte Knoblauchzehe zusammen mit der Zwiebel andünstet. Man kann auch ein paar Wacholderbeeren und ein, zwei Lorbeerblätter mitkochen – und vor dem Servieren wieder entfernen.«

Bunter Kartoffelauflauf

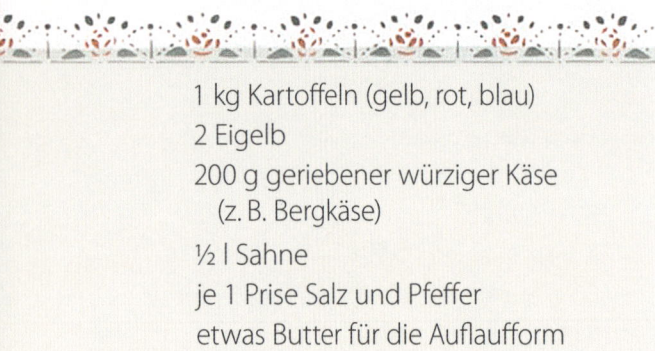

1 kg Kartoffeln (gelb, rot, blau)
2 Eigelb
200 g geriebener würziger Käse
   (z. B. Bergkäse)
½ l Sahne
je 1 Prise Salz und Pfeffer
etwas Butter für die Auflaufform

■ Kartoffeln waschen, schälen, in dünne Scheiben schneiden oder hobeln und danach in eine gebutterte Auflaufform schichten.

■ Die beiden Eigelbe und die Hälfte des Käses miteinander verquirlen (mit Gabel oder Schneebesen), dann die Sahne unterrühren und mit Salz und Pfeffer würzen.

■ Die Masse über die Kartoffeln gießen und die Auflaufform anschließend ins Backrohr schieben, bei 180 °C auf mittlerer Schiene.

■ Nach 35 Minuten Garzeit den restlichen Käse darüberstreuen und in ca. 10 Minuten fertig backen, bis sich eine knusprig-braune Kruste bildet.

MARLIES' TIPP

Ganz nach Lust und Laune

»Mit gemischtem Salat garniert, ist der Auflauf ein Gericht für sich. Man kann ihn aber auch als Beilage zu Fleisch servieren. Und wer Lust auf eine pikante Note hat, gibt neben Pfeffer und Salz noch eine Prise geriebene Muskatnuss und frische Kräuter dazu.«

Kartoffelkuchen

300 g mehlige Kartoffeln
4 Eier
200 g Zucker
150 g Grieß
150 g gemahlene Haselnüsse
Semmelbrösel und etwas Butter
 für die Backform
ein wenig Puderzucker zum Bestreuen

Kartoffeln kochen, schälen und heiß durchpressen oder kalt reiben.

Die Eier trennen und das Eiweiß zusammen mit einem Esslöffel Zucker steif schlagen. Der Eischnee ist fest genug, wenn man die Schüssel umdrehen kann, ohne dass der Eischnee herausrutscht.

Aus den Eigelben und dem restlichen Zucker eine Schaummasse rühren. Dann die geriebenen Kartoffeln, den Grieß und die Haselnüsse dazumischen und den Eischnee vorsichtig unterheben.

Den Teig in eine gefettete und mit Semmelbröseln ausgestreute Guglhupfform füllen. Im vorgeheizten Backofen 60 Minuten bei 180 °C backen. Mit Puderzucker bestreut servieren.

Die inneren Werte

Die Kartoffel ist randvoll mit Vitaminen und Nährstoffen. Eiweiß liefert sie zwar nur in relativ bescheidener Menge, dafür ist es aber besonders hochwertig. Trotz des Wasseranteils von rund 80 Prozent sättigt die Knolle erstaunlich gut – hat dabei aber rund fünfmal weniger Kalorien als Reis oder Nudeln. Ganz nebenbei nimmt man wichtige Mineralstoffe wie Magnesium, Kalium, Eisen und Phosphor auf, während die Ballaststoffe die Verdauung in Schwung halten. So lassen sich mit einer Kartoffeldiät auf gesunde Weise sogar leicht ein paar Pfunde abnehmen – und selbst Diabetiker können die Erdäpfel bedenkenlos essen.

Kartoffelkäse

Für 4 Portionen

600 g gekochte Kartoffeln vom Vortag
(mit Schale)

1 mittelgroße Zwiebel

1 Bund Schnittlauch

2 Becher Sauerrahm

je eine Prise Salz, Pfeffer, Paprika
und Kümmel

■ Die Kartoffeln schälen und fein reiben.

■ Die Zwiebel und den Schnittlauch klein schneiden und mit den geriebenen Kartoffeln vermischen – bis auf einen Rest Schnittlauch für die Garnitur.

■ Sauerrahm unterrühren. Mit Salz, Pfeffer, Paprika und Kümmel abschmecken.

Kartoffelkäse schmeckt gut als Brotaufstrich, als Beilage zu Gegrilltem oder als Dip für Gemüsesticks.

Getestet und für gut befunden

1. Rode Erstling: Eine besonders früh reifende Kartoffel mit dekorativer roter Schale. Sie entstand in den 1940er-Jahren in Schottland und ist geschmacklich kaum zu überbieten.

2. Bamberger Hörnchen: Eine festkochende, spät reifende Regionalsorte mit mildem, butterartigem Aroma.

3. Rosemarie: Seit 2004 gibt es diese festkochende, innen wie außen rosa gefärbte Kartoffel. Wegen des leicht speckigen Geschmacks wird sie auch Schinkenkartoffel genannt.

4. Blauer Schwede: Die Kartoffel des Jahres 2006 behält sogar nach dem Kochen noch ihre blaue Farbe.

5. La Bonnotte: Die Königin der französischen Kartoffeln zergeht auf der Zunge. Sie stammt von der Insel Noirmoutier, ist festkochend und reift früh.

6. Mayan Twilight: Die schottische Züchtung mit nussig-süßem Marzipangeschmack trägt eine dekorativ rot-gelb gefleckte Schale.

7. Mandelkartoffel: Eine über 70 Jahre alte gelbfleischige Kartoffel aus Lappland mit besonders aromatischem Geschmack.

8. Desirée: Die ertragreiche Rotschalige stammt aus den Niederlanden – und macht besonders als Folienkartoffel Furore.

9. Rote Emmalie: Rotes Fleisch in einer roten, glatten Schale und ein würziger Geschmack zeichnen die 2004 entstandene Sorte aus.

10. Violetta: Eine mittelfrühe, festkochende, auffallend blaue Kartoffel. Als Salat-, Pell- oder Püreekartoffel sehr zu empfehlen.

11. Linda: Gelbe glatte Schale, tiefgelbes Fleisch und ein sehr guter cremiger Geschmack: Für ihre vielen Fans ist sie die beste unter den deutschen Kartoffeln.

HERBST

AUF ZUR BEERENJAGD

Wenn zum Ende des Sommers Büsche und Bäume voller wilder Früchtchen hängen, beginnt Marlies Heinritzis liebste Zeit. Dann leuchtet die Natur in prächtigen Farben, und es finden sich Schätze in Hülle und Fülle. Jetzt hält die Kräuterfrau nichts mehr in den eigenen vier Wänden, und sie geht »auf die Jagd«.

Immer wenn es im Wald nach Pilzen duftet und Hagebutten und Holunderbeeren prall und glänzend an den Zweigen sitzen, schlägt das wilde Erbe durch: Wir verwandeln uns in begeisterte Jäger und Sammler. Wer will schon zu Hause bleiben, wenn es draußen nur so von reifen Schätzen wimmelt. Ich jedenfalls nicht. Auf Beerenjagd durch die Natur zu pirschen und wilde Früchte zu sammeln, gehört von Spätsommer bis Herbst zu meinen liebsten Beschäftigungen.

Das ist schon seit meiner Kindheit so. Damals zog ich noch zusammen mit meiner Tante hinaus ins Grüne, um Brombeeren zu suchen. Und wir kamen erst heim, wenn unsere zerbeulten alten Milchkannen randvoll mit süßen Früchten waren.

Das konnte allerdings dauern, denn – klein wie ich war – verfuhr ich am allerliebsten nach dem Motto »Die guten ins Töpfchen und die noch besseren ins Kröpfchen«. Meine Tante ließ mich amüsiert gewähren.

Kornelkirschen, Hagebutten, Vogel- und Blaubeeren – von meinen Streifzügen in Wald und Flur bringe ich auch heute noch reiche Beute heim. Schließlich habe ich da so meine geheimen Stellen. Aber auch wer die nicht hat und einfach nur die Augen offen hält, wird jetzt leicht fündig. Wilde Brombeeren wachsen am Wegesrand, Himbeeren auf Kahlschlägen im

fähig. Aber dafür haben es die kleinen Früchte wirklich in sich: Um auf denselben Vitamin-C-Gehalt zu kommen, müsste man zweieinhalb Kilo Äpfel essen, braucht aber nur 50 Gramm von den Hagebutten.

Mit leichtem Fingerdruck lässt sich prüfen, ob die lackroten Erzeugnisse der wilden Heckenrose schon reif sind. Auch bei anderen Rosenarten greife ich gern zu. Die aromatischste ist übrigens die Kartoffelrose, ihre dickbauchigen Hagebutten liefern außerdem besonders viel Fruchtfleisch. Apfelrose, Bibernellrose und viele andere eignen sich jedoch genauso für kulinarische Zwecke.

Reifen die Beeren des **Holunders,** so kennt man's auf dem Land, dann verabschiedet sich der Sommer, und es wird Zeit, an die Wintervorräte zu denken. Aber es muss nicht immer nur Hollersaft oder -gelee sein. Manchmal steht mir auch der Sinn nach Hollerretzel. Was für viele rätselhaft klingt, ist ein fast vergessenes oberbayerisches Gericht – ein Kompott aus Holunderbeeren, Birnen und Zwetschgen. Zum

Wald. Kornelkirschen gedeihen in Windschutzhecken – und zwar am liebsten auf kalkhaltigen Böden –, und die Wald- und Torf-Bewohnerin Heidelbeere mag's eher sauer. Eberesche und Holunder sind dagegen überhaupt nicht wählerisch und praktisch überall zu finden: Wer braucht da noch exotische Früchte aus dem Supermarkt, wenn die Vitamine kostenlos in der nächsten Hecke hängen? Aber wichtig beim Sammeln ist, dass man fernab von stark befahrenen Straßen und gespritzten Feldrainen pflückt. Und dass für hungrige Vögel und andere kleine Wildtiere auch noch genügend hängen bleibt.

Die **Hagebutten** für meinen selbst angesetzten Essig ernte ich zu guter Letzt noch direkt vor der Haustür. Und dann pressiert's: Zügig werden all die gesammelten Multivitamin-Früchtchen in köstliche Schlemmereien verwandelt. Im Gegensatz zu vielen Apfelsorten nämlich sind Kornelkirschen, Vogelbeeren & Co. nicht lange lager-

Marlies erzählt

»Reifen die Beeren des Holunders, so kennt man's auf dem Land, dann verabschiedet sich der Sommer.«

Beerenzupfen streife ich mir Handschuhe über, damit sich meine Hände nicht blau verfärben. Verantwortlich für die kräftige Farbe sind die in den Früchtchen enthaltenen Anthocyane, sekundäre Pflanzenstoffe, die unter anderem durch ihre entzündungshemmende Wirkung punkten, gut für die Nerven sind und vermutlich sogar den Alterungsprozess des Gehirns bremsen.

Aber egal, ob blau, rot oder orange: Gesund sind auch alle anderen wilden Früchte – zum Beispiel die der **Kornelkirsche**. Ab August locken die olivengroßen knallroten Steinfrüchte mit dem säuerlich-fruchtigen Geschmack zahlreiche Vögel und kleine Säugetiere an. Und neuerdings auch wieder zweibeinige Leckermäuler. Einst zählte die uralte Kulturpflanze zu den gängigen Obstgehölzen, aus deren Früchten man Saft, Sirup und Konfitüren herstellte – bis sie mit der Zeit in Vergessenheit geriet. Es stimmt schon, dass sich das Fruchtfleisch nur schwer vom Stein lösen und durchs Sieb streichen lässt. Aber dafür hab ich ja meine Flotte Lotte: Darin passiere ich die gekochten Früchte für meine Kornelkirschensoße locker durch.

Das Sieb mit der Kurbel kommt auch bei der »Zitrone des Nordens« häufig zum Einsatz. Denn an reifen Beeren der **Eberesche** fehlt es mir nie. Sie hängen hier so reichlich an den Bäumen, dass sie mir nicht einmal die Vögel streitig machen. Und das, obwohl über sechzig Vogelarten die Früchte lieben. Der Mensch aber sollte mit der Ernte der Vitamin-C-reichen orangeroten Beeren am besten bis nach den ersten Frösten warten – dann schmecken sie nicht mehr so herb und

bitter. Für alle, die sich nicht bis dahin gedulden wollen, gibt es einen kleinen Trick: Ich lege die Dolden vor der Verarbeitung einfach für 24 Stunden in die Gefriertruhe. Das tut's auch – und danach müssen die apfelförmigen Beerchen von der Dolde getrennt werden. Wenn jedoch ein paar kurze Stiele dranbleiben, ist's nicht weiter schlimm.

Einst waren auch »beschwipste« Beeren sehr beliebt: Selbst aufgesetzte **Schnäpse und Liköre** gab es praktisch in jedem Haushalt. Und saß man dann in geselliger Runde zusammen, kam irgendwann ein Fläschchen davon auf den Tisch. Mir ist ja so ein Wildbeeren-Stamperl am liebsten – und den feinen Himbeergeist mag ich ganz besonders gern. Der ist nämlich fast schon so was wie Medizin.

Lecker und gesund

Was Marlies Heinritzi mit einem kleinen Augenzwinkern vorträgt, stimmt tatsächlich: Himbeeren haben im Vergleich zu anderem Beerenobst überdurchschnittlich viel Magnesium und Kalzium und weisen einen hohen Eisengehalt auf.

Nach Stunden emsiger Betriebsamkeit bleiben hin und wieder ein paar Handvoll gemischter blauschwarzer Beeren übrig. Die kommen mir gerade recht für eine **Blaue Grütze** zum Sofort-Essen. Etwas Belohnung muss schließlich sein. Denn echte Beerenjäger haben nicht nur Spaß am Sammeln, sondern auch am Genießen.

Hollerretzel

Für 4 Portionen

300 g reife Holunderbeeren
1 Birne
5 Zwetschgen
½ Bio-Zitrone
100 g Zucker
1 Zimtstange

◼ Holunderbeeren von den Stängeln zupfen. Birne waschen, entkernen und in Stückchen zerteilen. Zwetschgen waschen, entsteinen und vierteln. Zitrone in Scheiben schneiden. Alles zusammen mit Zucker und Zimt in einen Topf geben.

◼ Topfinhalt langsam erhitzen und unter wiederholtem Umrühren ca. 10 Minuten dünsten.

◼ Sobald die Holunderbeeren schön weich, die Birnen und Zwetschgen aber noch »stückig« sind, Topf vom Herd ziehen und Zitronenscheiben herausnehmen.

Hollerretzel passt sehr gut zu Mehlspeisen – wie Kaiserschmarrn und Rohrnudeln. Es schmeckt aber auch zu Vanilleeis.

Hagebuttenessig

Für 1 l Essig

400 g Hagebutten
1 l Apfel- oder Obstessig

■ Hagebutten einschneiden, Blüten- und Stielansatz entfernen, waschen und in ein weites Gefäß füllen.

■ Essig dazugießen, Gefäß verschließen und 6 Wochen an einem hellen Ort stehen lassen, öfter schütteln.

■ Danach Essig durch einen Kaffeefilter abseihen und in Flaschen abfüllen.

■ Die ideale Lagerung ist dunkel und kühl. Je nach Säuregehalt bleibt der Hagebuttenessig 1–2 Jahre frisch.

M A R L I E S ' T I P P

Weniger ist mehr!

»Beim Hagebuttenessig verzichte ich bewusst auf weitere Zutaten, um den feinen Geschmack nicht zu verfälschen. Wer will, kann aber noch eine Zimtstange, ein paar Gewürznelken oder unbehandelte Zitronenschale zugeben.«

Wilde Beeren pflücken

■ **Blaubeeren** erntet man am besten nach Bären-Art: Mit der »Pranke« durch den Strauch streifen – alle reifen Früchte fallen in den Eimer.

■ **Ebereschen- und Holunderbeeren** schneidet man als ganze Dolden mit der Schere ab und trennt die Einzelbeeren dann vom Stiel.

■ **Himbeeren** müssen sich leicht pflücken lassen, sonst sind sie nicht reif. Achtung, das Obst ist druckempfindlich.

■ **Brombeeren** bilden ein dichtes Dornengestrüpp. An die passende Kleidung denken!

■ **Hagebutten** schmecken weich am süßesten. Beim Pflücken bleibt dann aber oft der Stiel samt Fruchtfleisch hängen. Tipp: mit der Schere abschneiden.

■ **Kornelkirschen** – wirklich reif sind die heruntergefallenen Früchte. Deshalb am besten eine Plane auslegen und die Kornellen herunterschütteln.

Kornelkirschensoße

Für ¼ l Soße

> 400 g vollreife Kornelkirschen
> 50 g Zucker
> 2 Gewürznelken

■ Kornelkirschen waschen, in einen Topf geben und knapp mit Wasser bedecken.

■ Etwa 10 Minuten lang weich kochen, dann das Wasser abgießen.

■ Fruchtmasse mit der Flotten Lotte passieren oder durch ein Sieb streichen.

■ Zucker und Gewürznelken zugeben.

■ Alles etwa 8 Minuten köcheln und weitere 15 Minuten durchziehen lassen.

Kornelkirschensoße wird warm serviert – etwa zu Eis, Pudding oder Creme. Im Kühlschrank ist sie 3 bis 4 Tage haltbar. Heiß in saubere Weckgläser gefüllt, sollte man sie innerhalb eines Jahres aufbrauchen.

Was die alles können …

Kornelkirschen lassen sich nicht nur zu Soße verarbeiten, sondern auch zu Saft, Sirup, Gelee und Marmelade. Wer Lust hat auf noch mehr Abwechslung, mischt Holunder, Apfel oder Birne unter die lackroten Früchtchen.

Im Backofen bei 50 Grad oder im Dörrapparat getrocknet, eignen sie sich außerdem als Vitamin-Snack für zwischendurch. Oder wie wär's mit einem selbst gemachten Studentenfutter aus Rosinen, Kornelkirschen, Blaubeeren und Nüssen? Das kann man von der Hand in den Mund genießen oder übers Müsli streuen.

Ebereschenmarmelade

Für 6 Gläser à 150 ml

> 500 g reife Ebereschenbeeren (gefros-
> tet, wie auf Seite 135 beschrieben)
> 1 vollreife Birne
> Gelierzucker (1:1)
> Saft von ½ Zitrone

▪ Beeren mit der Schere entstielen und waschen.
Birne schälen, entkernen und vierteln.

▪ Früchte zusammen in einen Topf geben, unter
ständigem Rühren langsam erhitzen (ca. 10 Minuten) – bis die Beeren platzen.

▪ Danach alles in die Flotte Lotte schöpfen und
zu Mus verarbeiten oder durch ein Sieb streichen.

▪ Musmenge abmessen und im Verhältnis 1:1
Gelierzucker zugeben. Mit dem Zitronensaft in
einen Topf füllen und unter ständigem Rühren
zum Kochen bringen. Nach Angaben auf der
Gelierzucker-Packung einkochen.

▪ In gespülte, noch warme Gläser randvoll abfüllen. Deckel drauf, umstürzen, nach einer halben
Stunde wieder umdrehen und auskühlen lassen.

MARLIES' TIPP

Was darf's denn sein?

»Ebereschenmarmelade hat einen säuerlichen, leicht
herben Geschmack. Sie eignet sich daher nicht nur als
Brotaufstrich, sondern auch zum Füllen von Plätzchen.«

Himbeeren in Geist

Für 2 Flaschen à ½ Liter

500 g Himbeeren
400 g weißer Kandiszucker
1 Zimtstange
2 Vanilleschoten
½ l Himbeergeist

■ Himbeeren säubern und in ein Glas mit weitem Hals füllen.

■ Kandiszucker darauf schichten.

■ Zimtstange zugeben, dann die Vanilleschoten aufschneiden, das Mark ausschaben und mit ins Glas füllen.

■ Mit Himbeergeist aufgießen.

■ Vier Wochen ziehen lassen. Dabei immer mal wieder vorsichtig schwenken (die Himbeeren sollen nicht zerfallen).

Die »beschwipsten« Himbeeren schmecken zu gebratenem Geflügel oder passen zu Süßspeisen und Vanilleeis. Man kann sich aber auch einfach so ein Gläschen der guten Geister genehmigen.

MARLIES' TIPP
So geht's schneller

»Schon nach einer Woche sind die Himbeeren in Geist fertig, wenn man beim Auflösen des Kandiszuckers etwas nachhilft: Einfach nur den Zucker mit wenig Wasser erhitzen, bis er zerfließt, und danach abgekühlt über die übrigen Zutaten gießen.«

Blaue Grütze

Für 4 Portionen

2 EL Speisestärke
¼ l Holundersaft
3 EL Zucker
je 300 g Brom- und Blaubeeren
etwas Zitronensaft

■ Die Speisestärke in einer Tasse mit etwas
kaltem Holundersaft anrühren. Restlichen Saft
mit dem Zucker aufkochen, aufgelöste Speisestärke dazugeben und die Flüssigkeit damit
binden.
■ Das Ganze noch einmal aufkochen und die
Beeren einfüllen.
■ Mit Zitronensaft abschmecken und in Schälchen füllen.

Ist der fruchtige Nachtisch abgekühlt, wird er pur,
mit Eis oder Vanillesoße serviert.

HERBSTZEIT, APFELZEIT

Nicht nur Beerensträucher – auch die Obstbäume haben jetzt Saison und machen unser Ernteglück perfekt. Und Marlies Heinritzi bringen die Körbe voller Äpfel auf die allerbesten Ideen.

Die Äpfel sind reif. Rotbackig, gelbschalig, orange geflammt, prall, rund und zum Anbeißen schön hängen sie im Geäst. In guten Jahren sind es so viele, dass sich die Bäume auf der Obstwiese unter ihrer Last zu Boden neigen. Und fast warte ich darauf, dass sie dann wie im Märchen von Frau Holle »Ach, schüttel mich!« rufen. Aber nichts da, ich verwende lieber den Obstpflücker mit langem Holzstiel und Stoffbeutel. Für Apfelsaft, Strudel und Apfelkrapfen kann man natürlich auch das Fallobst aus dem Gras sammeln – will man die Früchte aber für den Winter einlagern, müssen sie vorsichtig vom Baum geholt werden. Denn nur wenn sie frei von Druck- und anderen Schadstellen sind, bleiben sie über Wochen frisch.

Apfel-Allerlei

Von der Hand in den Mund, dafür sind alle Herbstäpfel, wie ›**Alkmene**‹ und ›**Danziger Kantapfel**‹, bestens geeignet: Man kann sie gleich nach der Ernte essen. Bei Winteräpfeln – zu ihnen gehören zum Beispiel ›**Glockenapfel**‹, ›**Brettacher**‹ und ›**Kaiser Wilhelm**‹ – empfiehlt sich jedoch zuerst das Lagern. Denn Pflückreife ist bei ihnen nicht mit Genussreife gleichzusetzen: Abhängig von der Sorte entfalten diese Äpfel frühestens nach zwei Wochen, oft erst nach ein bis zwei Monaten ihr volles Aroma. Dafür aber kann man sie – kühl und luftig – meist problemlos bis zum nächsten Frühjahr aufbewahren, manche sogar noch länger. Zu diesen Winteräpfeln gehört auch der ›**Schöne aus Boskoop**‹, kurz ›Boskoop‹ genannt – ein Holländer, der seit 150 Jahren in Deutschland als Mus- und Kochapfel beliebt ist.

Ich kann mich noch gut an den ›Boskoop‹, der bei uns daheim Lederapfel hieß, erinnern. Seine Früchte kamen immer als letzte vom Baum, waren anfangs steinhart und wurden nach langer Lagerung schließlich zuckersüß. Bis in den April hinein hielten sie durch, wenn wir sie nicht vorher schon alle aufaßen – im Mus, im Kuchen und Pfannkuchen oder als Bratapfel. Aber es wuchsen zum Glück ja auch noch viele andere Apfelsorten in unserem Obstgarten und machten den winterlichen Speiseplan bunter.

Ach überhaupt, unser Obstgarten. Er war riesig – Birnen wuchsen dort und Zwetschgen, mein Lieblings-Reneklodenbaum und natürlich Äpfel über Äpfel. Zur Blütezeit im Frühling bekamen unsere Bienen dort viel zu tun. Aber wenigstens mussten sie nicht weit fliegen, um Nektar und Pollen einzutragen, denn Vaters Bienenhaus stand gleich mittendrin im Obstgarten. Auch unsere Kühe verbrachten während der Weidesaison ihre Nächte zwischen Apfel- und Birnbäumen. So hatten wir sie morgens schnell im

Stall, und erst nach dem Melken kamen sie dann hinaus auf die weiter entfernten Wiesen. Die Kühe in der Früh um 5 Uhr hereinzuholen war meine Aufgabe, und ich übernahm sie gerne. Hier ein Apfel im Gras, dort ein paar Zwetschgen frisch vom Baum – bis unsere Vierbeiner den Stall erreichten, war ich mit dem ersten Frühstück fertig. Das offizielle in der Küche gab's nämlich immer erst nach getaner Stallarbeit.

Auf den Bäumen von Obstgärten und Streuobstwiesen ist Vielfalt Trumpf. Rund 1500 verschiedene Sorten sollen dort heute noch gedeihen, und alle haben sie ihre Eigenheiten: Aus dem aromatisch duftenden ›Gravensteiner‹ backe ich wunderbare Apfelkuchen, die süß-fruchtigen Renetten und ›Goldparmäne‹ geben mit ihrem nussartigen Geschmack die besten Apfelringe ab, und der festfleischige und saftige ›Freiherr von Berlepsch‹ ist genau richtig für Bratäpfel.

Auf der Glentleiten werden derzeit an die 50 historische Apfelsorten gepflegt, die in Oberbayern einst verbreitet waren. Darunter sind Raritäten wie der ›Pollinger Klosterapfel‹ aus dem gleichnamigen Kloster im Landkreis Weilheim-Schongau oder der als »Schöner vom Oberland« bekannte ›Jakob Fischer‹. An seinen Züchter, den Apfelpfarrer Korbinian Aigner, erinnert der ›Korbiniansapfel‹ – aber viele Sortenbezeichnungen geben auch Auskunft über den Herkunftsort. Woher sie stammen, ist der ›Wachsrenette von Benediktbeuren‹ oder dem weit über seine Ursprungsgrenzen verbreiteten ›Roten Trierer Weinapfel‹ in den Namen geschrieben. Der kleinfrüchtige Apfelbaum aus der Moselregion war einst ein beliebter

Marlies erzählt

Unsere Kühe verbrachten während der Weidesaison ihre Nächte zwischen Apfel- und Birnbäumen.

Mostapfel, als das Bier noch ein Privileg der Klöster und der reicheren Schichten war. Und seine rote Farbe machte ihn obendrein zu einem beliebten Schmuck für den Weihnachtsbaum.

Korb um Korb füllt sich in einem guten Apfeljahr mit der verführerischen Frucht, wegen der Adam und Eva einst aus dem Paradies gewiesen wurden. Obwohl – nach Meinung mancher soll es sich dabei um einen Granatapfel gehandelt haben. Doch wie auch immer, mir macht es jedenfalls großen Spaß, meine Lieben in Versuchung zu führen – zum Beispiel mit **Apfelkrapfen.** Dazu rasple ich ganze Äpfel inklusive Schale. Denn bis zu 30 Prozent der wertvollen Biophenole, mit denen sich der Apfel gegen Schorfkrankheiten wehrt, lagern in der äußeren Haut. Und das Gute daran: Die sind auch für den Menschen gesund, verzögern etwa den Alterungsprozess und mindern Studien zufolge das Krebsrisiko. Und noch besser: Sie werden beim Kochen oder Backen nicht zerstört.

Die hohe Kunst der Apfelbäckerei ist und bleibt der **Strudel.** Wie er gelingt, ist aber kein Geheimnis: Ich schlage den Teig während des Knetens immer wieder fest aufs Holzbrett – so lange, bis er darauf Spuren hinterlässt. Auch wenn es so aussieht, als würde ich mich damit abreagieren, es gibt einen anderen Grund dafür: Der Teig wird feiner. Und noch ein Tipp: Wer verhindern will, dass sich geschälte Äpfel verfärben, taucht sie in Zitronenwasser. Mit der Hausfrauenweisheit »ein Strudelteig muss so dünn und durchsichtig sein, dass man eine Zeitung lesen kann«, nehme ich es dagegen nicht so genau.

Die Schale bleibt auch dran an den ausgesucht schönen Früchten, die ich für **Apfelringe** zurechtschneide – und danach zum Trocknen ins Backrohr schiebe. Als gesundes Naschwerk eignen sich aber auch Apfelschnitze. Die gibt es, wenn das Obst Druckstellen hat und ausgeschnitten werden muss.
Wie man auf traditionelle Art Früchte trocknet, erfährt man auf der Glentleiten während der alljährlich im September stattfindenden Obstsortenschau. Dann wird das alte Back- und Dörrhäuschen gleich neben der Obstwiese angeschürt, und Interessierte können die getrockneten Früchte frisch vom Holzrost kosten. Das begeistert selbst Obstmuffel, denn durch das Dörren intensiviert sich das Aroma und gewinnt an Süße. Den rohen Apfel ersetzt es dennoch nicht: Beim Trocknen gehen nämlich 50 bis 70 Prozent des Vitamin-C-Gehalts verloren.

Auch wenn es ihn heute überall zu kaufen gibt, ich finde, selbst gemacht schmeckt der **Apfelsaft** am besten – vor allem, wenn man gleich mehrere Sorten miteinander mischt. Und je nach Zusammensetzung hat dann auch das aus dem Saft eingekochte **Apfelgelee** die feine Würze einer ›Roten Sternrenette‹ oder das ausgewogene Zucker-Säure-Verhältnis der Rubinetten. Rotfleischige Sorten verleihen dem Gelee einen rosafarbenen Hauch, gelbweiße Früchte den typischen goldgelben Farbton.
Bleibt ein Rest vom Apfelsaft übrig, dann mache ich daraus einen **Likör,** der es in sich hat (siehe Seite 178). Damit lässt sich wunderbar anstoßen: Ein Prost auf den Apfel, den wahren König der Früchte!

Apfelstrudel

Für 10 Portionen

Für den Teig:

250 g Mehl
1 Prise Salz
2 EL Öl
1 Ei
⅛ l lauwarmes Wasser

Für den Belag:

30 g zerlassene Butter
1½ kg Äpfel
¼ l Sauerrahm
100 g Zucker – nach Belieben auch
   Zimtzucker
50 g Rosinen oder Haselnüsse

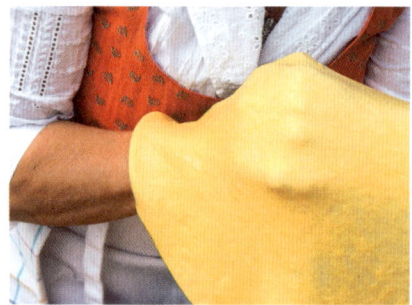

Zum Backen:

30 g Butter für die Form
evtl. ¼ l Milch

◼ Das Mehl auf ein Nudelbrett sieben, eine Delle in die Mitte drücken und die restlichen Teigzutaten hineingeben.

◼ Alles zu einem geschmeidigen Teig verarbeiten und diesen dann auf dem Brett abschlagen.

◼ Den Teig in zwei Portionen teilen, zu Kugeln formen und einölen (Pinsel). Mit Frischhaltefolie bedeckt 30 Minuten ruhen lassen.

◼ In der Zwischenzeit Äpfel schälen, vierteln und fein hobeln. Außerdem ein großes, sauberes Baumwolltuch mit Mehl bestäuben, damit sich der Strudelteig später gut aufrollen lässt.

■ Eine Portion Strudelteig mit einem Nudelholz auf dem Tuch oder dem bemehlten Nudelbrett auswalken. Dann mit den Händen nehmen und auseinanderziehen.

■ Sobald er groß genug ist, unter den Teig greifen und mit den Handrücken nach außen ziehen. Danach auf dem bemehlten Tuch ablegen und mit den Fingern weiter ausdehnen.

■ Den Teig mit der zerlassenen Butter einpinseln, die Apfelschnitze auf dem Teig verteilen und mit Sauerrahm bestreichen. Dann Zucker darüberstreuen und nach Belieben Rosinen oder Haselnüsse dazugeben.

■ Den Strudel mit Hilfe des Tuches aufrollen und in eine gebutterte Raine geben. Dann die zweite Strudelrolle anfertigen und dazulegen. Bei 200 °C auf unterer Schiene 45 Minuten backen.

MARLIES' TIPP

Heißer Tipp für Leckermäuler

»Soll der Strudel besonders saftig werden, übergießt man ihn nach der halben Backzeit mit ¼ Liter kochender Milch.«

Apfelschalentee

5 Hände voll Apfelschalen
1 Stückchen Ingwer
1 l Wasser
Honig zum Süßen

■ Die Apfelschalen und den Ingwer in einen Topf geben, das Wasser dazugießen und einmal kurz aufkochen.

■ Anschließend 20 bis 30 Minuten zugedeckt ziehen lassen.

■ Dann den Tee abseihen und nach Geschmack mit Honig süßen.

Apfelschalentee ist nicht nur ein Genuss, sondern außerdem gesund: In der Volksmedizin verwendet man ihn unter anderem als sanftes Schlafmittel.

Äpfel dörren

Auswählen: Zum Trocknen wählt man reife Äpfel ohne Schadstellen. Lageräpfel sollten vor dem Dörren genügend lange ausreifen.

Vorbereiten: Die Äpfel nicht schälen – nur das Kerngehäuse ausstechen. Für Apfelringe: Das Obst in rund 1 cm dicke Scheiben schneiden. Für Schnitze: Früchte vierteln und in 1,5 cm dicke Stücke teilen.

Dörren: Schnell und leicht gelingt das Trocknen von Obst mit einem elektrischen Dörrapparat. Beim Trocknen im Backofen: auf 50 Grad einstellen und möglichst auf Umluft schalten. Die Früchte dürfen nicht zu heiß werden – besser ist es, bei niedriger Temperatur länger zu dörren.

Apfelringe kann man direkt auf den Backofenrost legen, oder man hängt sie auf Stäbe gezogen an den Einschubleisten auf.

Schnitze breitet man auf mit Backpapier ausgelegten Blechen aus. Die Trockenzeit beträgt je nach Größe, Dicke und Wassergehalt der Apfelstücke mindestens 10 Stunden. Während des Trocknens das Dörrgut ab und zu wenden.

Fehlt die **Umluft** im Herd, sollte man die Roste gelegentlich miteinander vertauschen, sodass die Äpfel gleichmäßig trocknen. Damit die Feuchtigkeit nach außen abziehen kann, wird beim Heißlufherd die Backofentür während der ersten 2 Stunden öfter mal geöffnet. Ansonsten klemmt man einfach den Kochlöffelstiel in die Tür.

Fertig – oder nicht? Ein paar Probierstückchen abkühlen lassen und mit dem Finger nachprüfen, ob der Apfel noch etwas elastisch ist. Beim Anschneiden darf man keine feuchten Stellen mehr sehen. Kühl und vor Licht geschützt in Schraubgläsern verwahrt, halten sich Dörrfrüchte monatelang.

Fit durch Äpfel

Die alte Volksweisheit, dass ein Apfel pro Tag den Arzt ersetzen kann, wird auch durch die moderne Forschung immer wieder bestätigt. So bewiesen amerikanische Wissenschaftler, dass getrocknete Äpfel gut fürs Herz sind. Schon 75 Gramm täglich beeinflussen nach einem halben Jahr die Blutfettwerte positiv und schützen damit – dank Pektin und Biophenolen – die Gesundheit von Herz und Kreislauf.

Und dann wären da noch:

■ Vitamin C, das die Immunkraft stärkt.

■ Mineralstoffe, wie blutdrucksenkendes Kalium oder Phosphor und Phosphat, das besonders wichtig für Knochen, Zähne und Muskeln ist.

■ Ballaststoffe im Apfel wirken sich positiv auf die Verdauung aus. So setzt man ganze Äpfel mit Schale gegen Darmträgheit ein. Bei Durchfall hingegen wird der geschälte Apfel fein gerieben.

■ Kohlenhydrate liegen für die direkte Energieübertragung in leicht löslicher Form von Frucht- und Traubenzucker vor.

Apfelkrapfen

Für 10 Stück

Für den Hefeteig:

500 g Mehl
20 g Hefe
¼ l lauwarme Milch
40 g Zucker
2 Eier
50 g Butter
1 Prise Salz

Außerdem:

4 große Äpfel
etwas Zimtzucker
1 kg Butterschmalz zum Ausbacken

■ Aus den Zutaten einen Hefeteig herstellen (wie auf Seite 24 bei »Osterkränzchen« beschrieben) und sofort – ohne ihn gehen zu lassen! – auswalken: auf 3-4 mm Dicke und die Größe eines Nudelbretts.
■ Die Äpfel waschen und mit der Schale grob reiben.
■ Die safttriefenden Raspel zwischen den Händen gut ausdrücken, auf dem ausgerollten Hefeteig verteilen und andrücken.
■ Nach Geschmack Zimtzucker darüberstreuen und dann den Teig (nicht zu locker) aufrollen. Dabei darauf achten, dass die Rolle überall möglichst gleich dick ist – damit die Krapfen später dieselbe Größe haben.

Apfelgelee

Für 7 Gläser à 150 g

   4 kg Äpfel
   500 g Gelierzucker (2:1)

▦ Die Äpfel waschen und geviertelt oder in grobe Stücke geschnitten in den Entsafter geben.

▦ Dann den heißen Apfelsaft mit dem Gelierzucker – nach der Angabe auf der Packung – zu Gelee kochen.

▦ Sofort in frisch gespülte Gläser abfüllen, mit Schraubdeckel verschließen und kurz auf den Kopf stellen.

MARLIES' TIPP

Einfach mal probieren

»Den Apfelsaft kann man auch gut mit Birnen- oder Quittensaft mischen. Gerne gebe ich klein geschnittenen Ingwer dazu. Auch ein Schuss Rum oder Calvados passt gut ins Apfelgelee.«

▦ Mit einem großen gezackten Messer die Rolle in 2–3 cm dicke Scheiben schneiden.

▦ Die Stücke danach flach drücken und dafür sorgen, dass das Ende etwas unter den Krapfen zu liegen kommt, damit sie beim Backen nicht aufgehen.

▦ Krapfen zugedeckt 20 Minuten ruhen lassen, bis sie deutlich an Größe zugelegt haben.

▦ Dann schwimmend in heißem Butterschmalz ausbacken (das Fett kann man übrigens drei- bis viermal verwenden) und in Zimtzucker gewendet servieren.

WINTER

WÄNDE BLÜHEN AUF

Kommt der Winter, kehrt in Marlies Heinritzis Welt langsam Ruhe ein. Und so findet sie endlich Zeit genug für eine liebgewonnene Handwerkskunst: Die gute alte Schablonenmalerei bringt nicht nur Farbe in die Wohnung, sondern macht auch das Leben bunter.

Wer die alten Bauernhäuser auf der Glentleiten besucht, entdeckt in so mancher Küche, Stube oder Kammer aufgemalte **Bordüren** an den Wänden. Die laufen ein paar Handbreit unter der Decke rund um den ganzen Raum, umfassen die Fenster oder bringen irgendeine dunkle Ecke zum Leuchten. Manche sind einfarbig und bezaubernd schlicht, andere aufwändig, bunt und überaus prunkvoll. Aber egal, ob sich Efeuranken durchs Zimmer schlängeln, Rosengirlanden aufblühen oder geometrische Muster die Wand auflockern – nie gleicht eine Bordüre der anderen.

In vielen alten Häusern verbergen sich unter diversen Tapeten- und Farbschichten derartige Schätze. Und oft kann man an ein und derselben Wand sogar verschiedene Muster entdecken, in wechselnden Farben und Moden übereinandergemalt. Dann waren dort, Schicht für Schicht, gleich mehrere Generationen am Werk. Denn rundum nichts als weiße Wände, das mochte man sich im 19. Jahrhundert genauso wenig anschauen wie später zu Zeiten unserer (Ur-)Großeltern.

Fantasievoll, bunt und voller Leben: Die dekorativen Friese beeindruckten mich schon von Anfang an. Aber irgendwie kamen sie mir auch so bekannt und anheimelnd vor. Als ich wieder einmal bewundernd vor einer gemusterten Wand stand, dämmerte es mir endlich: Ich hatte solche Bordüren schon viel früher gesehen – als kleines Mädchen im Haus meiner Großmutter. Gar keine Frage, diese Art der Malerei musste ich natürlich auch selbst ausprobieren. Seither hat mir diese **alte Handwerkskunst** viele vergnügliche Stunden beschert, erst beim Gestalten und danach beim Betrachten der eigenen vier Wände. Denn es braucht wirklich nicht viel, um mit Hilfe einer Schablone, etwas Farbe und einer Prise Gewusst-wie seinem Zuhause eine individuelle Note aufzupinseln.

Dank der Schablonierkunst ist meine so heiß ersehnte freie Zeit im Winter noch viel bunter geworden. Denn endlich finde ich genügend Muße, um zum Pinsel zu greifen. Und es geht weiter mit der **Verschönerungsaktion** meines Zuhauses, die vor Jahren mit einer schlichten grünen Ranke im Gang begann. Inzwischen male ich nicht mehr nur drinnen vor mich hin, sondern wage mich in frostfreien Phasen, mit Pinsel, Schablone und wetterfester Farbe, auch nach draußen. Das Ergebnis: ein zarter Fries über der Eingangstür und kleine, feine Ornamente um die Fenster herum.

Was die **Muster** angeht, da hat natürlich jeder so seine Vorlieben – und wird garantiert auch fündig: zum Beispiel in einem Geschäft für Malerbedarf, im Internet oder eben im Museum mit seinen vielen historischen Mustern. Manche unter ihnen sind allerdings schon etwas aufwändiger an die Wand zu bringen, wie zum Beispiel meine Lieblings-Rosenbordüre. Die ist im Gegensatz zu den »einschlägigen«, das heißt einfarbigen, Friesen immerhin schon »sechsschlägig«, also sechsfarbig. Das bedeutet, dass man für dieses eine Muster auch sechs verschiedene **Schablonen** braucht – zwei für die Ränder oben und unten, eine für die Fantasie-Liane, zwei für die Blattranken und eine letzte für die Rosenblüten. Alle sechs nacheinander zum Bearbeiten aufgelegt, ergeben als Gesamtbild schließlich das mehrfarbige Motiv. Klar, dass das schon um einiges mehr Arbeit macht. Richtig aufwändig sind aber jene Muster, die aus 15 oder 20 Farbschlägen bestehen. Auch die gab's früher, und ihre Besitzer waren besonders stolz darauf, denn je aufwändiger und farbenprächtiger die Schablonierkunst ausfiel, als umso wohlhabender galt der Hausherr. Mein Haus, meine Pferde, meine Schablonenmalerei – so könnte man's wohl etwas überspitzt ausdrücken.

Marlies erzählt

Seither hat mir diese alte Handwerkskunst viele vergnügliche Stunden beschert, erst beim Gestalten und danach beim Betrachten der eigenen vier Wände.

Ein Handwerk mit Geschichte

Eine besondere Blütezeit erfuhr diese Art der Malerei im Mittelalter, auch im gesamten 19. Jahrhundert bis in die 1930er-Jahre hinein war sie groß in Mode. Zwar gab es zu jener Zeit bereits die ersten Tapeten – doch leistete man sich diesen Luxus zunächst nur in der Stadt. Für die Landbevölkerung waren die bedruckten Papierbahnen damals kaum erschwinglich, außerdem sah man Tapeten aus Hygienegründen nicht so gern: Das Papier

schimmelte leicht in den wenig beheizten Räumen. Mit gemalten Mustern auf gekalkten Wänden konnte dagegen nicht viel passieren.

Schablonenmalerei als Statussymbol oder wegen der Hygiene? Daran denkt heutzutage keiner mehr. Wer aber an den eigenen vier Wänden gern öfter mal was Neues sieht und dabei am liebsten selber Hand anlegt, ist mit dieser uralten Malerkunst fein raus: Einmal kurz drübergeweißelt und neu schabloniert – schon zeigt der Wohnraum ein anderes Gesicht. Kein Wunder, dass diese altbewährte Technik in Stadt und Land gerade so erfolgreich ihre Neuentdeckung feiert.

Das nötige Handwerkszeug

Für gewöhnlich reicht das:

■ Schablone (heute in der Regel aus Kunststoff)

■ Farbpigmente zum Anrühren bzw. fertige Schablonierfarbe (Malerbedarf)

■ Schlagschnur

■ Lineal und Wasserwaage

■ Stupfpinsel mit kurzen, harten Borsten

■ feiner Linienziehpinsel

■ breiter Linienziehpinsel

Alles andere auf dem Foto, nämlich

■ Fotokopie einer Schablone, Bleistift, Tonpapier und Blaupause

■ Schablonenmesser (Teppichmesser geht auch), Stanzeisen und Hammer für runde Details

■ Leinölfirnis und Pinsel zum Auftragen

wird nur dann benötigt, wenn man selbst eine Schablone herstellen will. Wie das geht, erfahren Sie auf der nächsten Seite.

Schablonen herstellen

Schablonen aus Kunststofffolie bietet der Fachhandel – in großer Auswahl an Mustern und
Motiven. Das besonders Schöne daran: Man kann
sofort loslegen.

Aber es ist auch ziemlich einfach, sich selbst eine
Schablone aus Tonpapier anzufertigen – etwa
weil man die Fotokopie einer historischen Schablone ergattert oder seinen eigenen Entwurf zu
Papier gebracht hat. Und so funktioniert's:

1 Übertragen: Passend zugeschnittenes Tonpapier auf dem Tisch auslegen und mit Pauspapier
(erhältlich im Schreibwarenhandel) abdecken.
Darüber das Blatt mit dem ausgedruckten,
kopierten oder selbst entworfenen Motiv posi-
tionieren und alle Konturen mit einem spitzen
Bleistift nachfahren.

2 Kontrollieren: Ist das abgepauste Ornament
auf dem Tonpapier an allen Stellen gut sichtbar?
Damit beim Nachschauen nichts verrutscht, die
Vorlage am besten oben fixieren.

3 Ausschneiden: Jetzt die Flächen, die später
an der Wand zu sehen sein sollen, mit Hilfe eines
Schablonenmessers ausschneiden. Kreisrunde
Passmarken und Musterlöcher am besten mit
dem Stanzeisen ins Tonpapier lochen. Eine Gummimatte oder eine Schicht alter Zeitung zum
Unterlegen sorgt dafür, dass dem Tisch nichts
passiert.

4 Versiegeln: Die fertige Schablone beidseitig
mit Lack oder Leinölfirnis einpinseln, damit
der Karton beim Schablonieren nicht aufquillt.
Danach einen halben Tag gut trocknen lassen,
sonst bekommt die Wand Fettflecken.

Von der Vorlage auf die Wand

Am besten probiert man Muster, Farben und Technik zuerst an einer unauffälligen Stelle aus. Früher ging man dazu in den Stall, heute bieten sich dafür Keller oder Garage an.

Im Zimmer wird anschließend festgelegt, in welcher Höhe die Bordüre verlaufen soll. Und wo fängt man am besten damit an? Weil in den wenigsten Fällen ein fortlaufendes Muster so aufgemalt werden kann, dass Anfang und Ende exakt zusammentreffen, beginnt man sicherheitshalber an einer unauffälligen Stelle hinter der Tür oder einem Schrank, dann wird eine kleine Mogelei nicht so leicht entdeckt.

Und so geht's:

▪ **Abschnüren:** Ist die gewünschte Höhe mit Bleistift in allen Zimmerecken markiert, tritt die Schlagschnur (Malerbedarf) in Aktion. Die wird vom Maler und einem Helfer von Ecke zu Ecke gespannt (Kreidestaub im Gehäuseinnern färbt sie rot bzw. blau) und mit Hilfe der Wasserwaage ausgerichtet.

▪ **Markieren:** Einer der beiden Akteure zieht die Schnur 20 bis 30 cm von der Wand weg und lässt sie dann los. Die Schnur schnellt zurück und hinterlässt eine gerade Hilfslinie aus farbiger Kreide, die später verschwindet. An ihr legt man die Schablone an.

▪ **Stupfen:** So nennt man die tupfende Bewegung mit dem Stupfpinsel. Nur nicht reiben oder streichen, sonst läuft Farbe hinter die Schablone und verursacht Flecken und unschöne Konturen. Besser den Pinsel mit wenig Farbe benetzen, im

rechten Winkel zur Mauer halten und vorsichtig lostupfen. Damit die Schablone dabei nicht verrutscht, wird sie an der Oberkante mit Malerkrepp fixiert und mit einer Hand an die Wand gedrückt, um zu verhindern, dass sie federt. Übrigens: Wer keinen Stupfpinsel hat, nimmt einen runden Malerpinsel, umwickelt ihn am Schaft fest mit Klebeband und schneidet die Borsten etwas zurück.

▪ **Neu anlegen:** Am Anfang und Ende jeder Friesschablone befinden sich Passmarken. Sie helfen, regelmäßige, fortlaufende Muster auf die Wand zu bringen und mehrschlägige Schablonen aufeinanderzupassen. Bei vielen Schablonen sind die Passmarken Bestandteil des Musters. Achtung – vor jedem Neuanlegen unbedingt eventuelle Farbreste auf der Schablonen-Rückseite entfernen.

▪ **Knifflige Ecken:** Kunststoff-Schablonen so exakt wie möglich in die Ecken drücken. Wer seine Schablone selbst anfertigt, macht am besten gleich zwei mit demselben Muster – eine zum Knicken und eine für die Geraden.

▪ **Schönheitsreparatur:** Sollten doch irgendwo Kleckse oder unsaubere Konturen stören, werden sie ganz zum Schluss mit einem dünnen Pinsel und der Wandfarbe vorsichtig ausgebessert. Aber erst nachdem die Schablonenmalerei getrocknet ist.

Bezugsquellen für Schablonen mit historischen Mustern siehe Seite 186.

Farbe bekennen

Grundsätzlich eignet sich jede dickflüssigere Farbe für die Schablonenmalerei, es gibt aber auch spezielle Schablonierfarbe zu kaufen (Bastelladen, Malerbedarf).

Wer ganz nach historischem Vorbild vorgehen will, verwendet pulverisierte Pigmente, verrührt sie mit wenig Wasser zu einem Ketchup-artigen Brei und vermischt diesen mit einer Grundfarbe. Die wiederum ist abhängig vom Untergrund:

■ **Bei gekalkten Wänden nimmt man:**
Kalkfarbe (Kalk und Wasser),
Kaseinfarbe (Kalk mit Quark und Wasser)
oder **Ölfarbe** (Kalk, Wasser und
Leinölfirnis)

■ **Bei Wänden mit Silikat-**
oder Dispersionsfarbe klappt's mit:
Silikat- oder **Dispersionsfarbe**

■ **Bei jeder Wand möglich:**
Wasser- oder **Plakafarbe**

Bezugsquellen für Pigmente
siehe Seite 186.

HÜBSCH ABGESTEMPELT

Draußen frieren Stein und Bein? Wie schön! Dann ist jetzt genau die richtige Zeit, um sich hinter den warmen Ofen zurückzuziehen. Doch Marlies Heinritzi bleibt dabei nicht untätig. Unter ihren kundigen Händen erleben weiße Gardinen und Tischdecken, Kissen, Servietten und Blusen ihr blaues Wunder.

Es begann mit einer Kollektion von handgeschnitzten **Stoffdruckstempeln,** die ich auf einem Weihnachtsmarkt entdeckte. Die Vielfalt dieser hölzernen Model war einfach unglaublich: Katze, Hahn, Kuh und Kalb und was sonst noch alles auf einem Bauernhof kreucht und fleucht, lag bunt zusammengewürfelt mit Reh und Fliegenpilz, mit Edelweiß und Herz. Vergissmeinnicht aus der Biedermeierzeit blühten Seite an Seite mit Rosengirlanden aus dem Jugendstil. Und zum holländischen Zwiebelmuster gesellten sich Streublümchen aus Frankreich. Da blieben keine Wünsche offen.

Mir hatten es vor allem die Blüten, Blätter und Ranken angetan, und ein paar davon nahm ich mit nach Hause. Denn endlich wusste ich, was ich mit all den ausrangierten weißen **Handtüchern, Bettlaken, Tischdecken** aus Leinen, Halbleinen und

Baumwolle in meinem Wäscheschrank anfangen konnte: Ich würde den Stoffen mit Hilfe meiner Model, blauer Textilfarbe und nach allen Regeln der Volkskunst ein dekoratives Äußeres verpassen – und vielleicht auch gleich noch eine neue Aufgabe, so wie es früher der Brauch war. Da wurde Altes nämlich nicht einfach entsorgt, sondern repariert und, falls nötig, auch umfunktioniert. Ein zerrissenes Tischtuch führte dann ein zweites Leben als Brotsäckchen. Ein kaputtes Bettlaken tat, entsprechend gekürzt und mit einer Häkelbordüre versehen, gute Dienste als Vorhang.

Sofa- oder Lavendelkissen, Serviette und Eierwärmer: Je länger ich darüber nachdachte, umso mehr **Verwendungsmöglichkeiten** fielen mir für die alten Stoffe ein. Und mit einem hübschen blauen Muster verziert, war alles gleich noch mal

so schön. Das sahen viele andere ganz genauso. Denn meine selbst bedruckten Lochsaum-Servietten und die kleinen Spitzen-Decken fanden bald so viele Abnehmer, dass ich mit der Herstellung fast nicht hinterherkam.

Blaudruck

Ihr blaues Wunder durch Textildruck erleben die Menschen schon lange. Der Direktdruck mit Hilfe von Modeln und blauer Farbe ist hierzulande seit vielen Generationen bekannt. Überall dort, wo die uralte Kulturpflanze namens Färberwaid gedieh, in Thüringen genauso wie am Rhein, in Franken wie in Niederbayern, wurde der begehrte blaue Farbstoff aus ihren Blättern gewonnen und danach auf Textilien gebannt. Bei der Vorliebe für Blau ist es geblieben, auch als später der »König der Färbepflanzen«, der indische Indigo, mit seinem noch intensiveren Leuchten dem Waid den Rang ablief.

Neben dem typischen Blau gehören aber auch Tannengrün und Ochsenblutrot zu den traditionell verwendeten Farben beim Handdruck. Wer will, kann heute jedoch unter hundert weiteren Farbtönen wählen, die sich mit Hilfe von Mischweiß noch zusätzlich zu zarten Pastelltönen abwandeln lassen.

Stempeln, das weiß ich aus eigener Erfahrung, gelingt selbst Ungeübten. Es funktioniert ähnlich wie Kartoffeldruck – und wer kennt diese alte Drucktechnik nicht noch aus eigenen Kindertagen? Ich jedenfalls habe früher mit Begeisterung aus

halbierten, möglichst runden und festen Kartoffeln meine eigenen Model geschnitzt und damit Stoff und Papier im Nu in kleine Kunstwerke verwandelt. Und das, obwohl ich beim Strümpfestricken und Pulloverhäkeln zwei linke Hände hatte und immer von der Großmutter gerettet werden musste. Fazit: Beim Stoffdrucken für den Hausgebrauch klappt's auch ohne eine Eins in Handarbeiten, es geht schnell und ist leicht nachzumachen.

Aber natürlich sind zunächst ein paar **Probeläufe** auf einem Stoffrest anzuraten, um zu testen, wie viel Farbe auf den Model aufgetragen werden muss. Ist es zu viel, verläuft nämlich das Motiv – ist es zu wenig, wird der Druck oft lückenhaft. Und außerdem: Nur eine kleine Unachtsamkeit – und alles ist dahin, weil sich Flecken und Patzer hinterher nicht mehr aus dem Stoff entfernen lassen. So einfach diese Technik auch ist, so wichtig ist doch präzises und konzentriertes Arbeiten.

Und wie soll nun das **Muster** auf der ersten selbst bedruckten Serviette oder Stofftasche verteilt werden? Als Bordüre am Rand oder etwa locker verstreut, vielleicht auch in gleichmäßigen Abständen? Ist Ersteres der Fall, fertige ich einen Abstandsstreifen aus Pappe und fixiere ihn entlang des Stoffrands mit Stecknadeln. Sollte jemand daran denken, seine Girlande aus zwei, drei oder noch mehr verschiedenen Modeln zusammenzusetzen, kann er auf der Pappe auch gleich die genaue Abfolge mit Bleistift markieren. Das erleichtert das Drucken enorm. Möchte ich jedoch ein Muster in immer gleichen Abständen auf dem Stoff verteilen, verwende ich kariertes DIN-A4-Papier. In das schneide ich gleich große,

Marlies erzählt

Beim Stoffdrucken für den Hausgebrauch klappt's auch ohne eine Eins in Handarbeiten, es geht schnell und ist leicht nachzumachen.

passende Löcher und drucke dann dort hinein. Natürlich muss man die Schablone vorher mit Stecknadeln rutschsicher befestigen.

Ach, und habe ich eigentlich schon erwähnt, dass man auch schlichte weiße Papierbögen und simple Papiertüten mit Model und Farbe wunderbar verwandeln kann? In **Geschenkpapier** mit persönlicher Note nämlich. Das spart zum einen Geld und sorgt zum anderen für einen unübersehbaren Aha-Effekt. Jedes Präsent bringt dann gleich doppelt Freude.

So gelingt's auf jeden Fall

■ Leinen, Baumwolle, Seide – alt oder neu: Zum Bedrucken eignen sich alle Arten von Naturfasern. Aber auch auf Papier (etwa Briefpapier) zeigt das Drucken mit Modeln Wirkung.

■ Leinen und Halbleinen wird zuvor so oft gewaschen, bis es sich weich anfühlt und die Farbe gleichmäßig aufnehmen kann.

■ Jeder Stoff muss frei von Appretur und Weichspülerresten sein, weil das das Eindringen der Farbe erschwert.

■ Zum Reinigen der handbedruckten Stoffe nur Bunt- oder Feinwaschmittel (zum Beispiel für Seide) verwenden. Absolut ungeeignet sind Vollwaschmittel, weil sie Bleichmittel enthalten, die nicht nur Schmutzflecken, sondern auch die Druckfarbe ausbleichen.

Wie das Muster auf den Stoff kommt

■ Eine weiche Unterlage (Gummimatte, Molton, Filz, Biberbetttuch – aber kein Frottee) glatt auf dem Tisch auslegen. Eine Lage reicht!

■ Dann den druckfertigen, glatt gebügelten Stoff auf der Unterlage ausbreiten und faltenfrei ausstreifen. Doppelt liegende Textilien, wie zum Beispiel Kissenhüllen oder Blusen, brauchen ein Blatt Papier (keinen Karton) zwischen Vorder- und Rückseite – damit sich die Farbe nicht durchdrückt.

■ 5 bis 6 Esslöffel Textilfarbe als Klecks in ein flaches Gefäß füllen, gut eignet sich dafür ein großer Teller. Die Farbe sollte lichtecht, kochfest und eher dickflüssig sein, außerdem keine Lösemittel und Konservierungsstoffe enthalten.

■ Ein Naturschwamm dient als »Stempelkissen«. Es darf auch ein preiswerter Küchenschwamm sein – dann aber nur die farbige, meist gelbe Seite verwenden. Damit etwas Farbe aufnehmen und den Schwamm so lange leicht auf dem Teller oder einem Schneidebrett (aus Holz oder Plastik) hin- und hertupfen, bis diese gleichmäßig verteilt ist. Die Poren des Schwammes müssen noch sichtbar, das Gelb des Schwammes darf aber nicht mehr erkennbar sein.

■ Rechtshänder nehmen jetzt den Schwamm mit der Farbfläche nach oben in die linke Hand. Mit der rechten tupft man den Model leicht mehrmals aufs »Stempelkissen«. Weil die Drucke anfangs oft zu hell geraten (der Model hat noch nicht genug Farbe) oder nicht exakt genug gelingen, macht man die ersten Versuche auf Papier.

■ Und jetzt wird's ernst: Den mit Farbe benetzten Model in die rechte »Druckhand« nehmen, dann die Spitze des kleinen Fingers auf den Stoff setzen, damit man besser zielen kann. Den Model zum Einsatzpunkt führen und zunächst nur eine Spitze oder Kante aufsetzen, schließlich ganz auf den Stoff klappen und fest mit der flachen Hand andrücken. Stempel nach wenigen Sekunden abnehmen.

■ Vor jedem weiteren Druck muss der Model neue Farbe vom Schwamm aufnehmen, den man währenddessen in der linken Hand hält (liegt er auf dem Tisch, drückt man den Model womöglich zu tief in die Farbe). Nicht vergessen: Hin und wieder braucht auch der Schwamm etwas Farb-Nachschub.

■ Fertig? Damit die Farbe nicht am Model antrocknet, wird sie nach dem Drucken unter fließendem Wasser und mit Hilfe einer weichen Bürste abgewaschen.

■ Und so fixiert man die Farbe im bedruckten Stoff: Nach 1 bis 2 Tagen Trockenzeit – und unbedingt vor der ersten Wäsche – wird sie gründlich eingebügelt (auch von rechts möglich), so heiß, wie es der Stoff verträgt. Die Heißmangel in einer professionellen Wäscherei zeigt noch bessere Wirkung – am besten gleich mehrmals langsam durchlaufen lassen.

Bezugsquelle für Farbe und Model
siehe Seite 186.

WEIHNACHTEN WIE DAMALS

Leise rieselt der Schnee, und von den Dächern
hängen schon die ersten Eiszapfen. Drinnen
in der Stube ist Marlies Heinritzi dabei, viele
leere Dosen zu füllen – mit Butterplätzchen
und Kosakentalern, mit Himbeerlebkuchen
und selbst gemachtem Apfelbrot. Wenn das
nicht nach Weihnachtsmarkt duftet …

In der Woche vor dem ersten Advent sollte ich
eigentlich überall gleichzeitig sein. Während
drinnen die Weihnachtsbäckerei auf Hochtouren
läuft, herrscht auch draußen reges Treiben. Holz-
buden werden zusammengezimmert, Wege vom
Schnee befreit, die Stuben der alten Bauernhäuser beheizt und weihnachtlich geschmückt. Eine
besondere Attraktion im Jahreslauf steht nämlich
noch aus und wird von vielen sehnlich erwartet:
der Glentleitner Christkindlmarkt.

Immer am ersten Adventswochenende ist es so
weit: In Stadeln, Ställen und festlich dekorierten
Buden bieten Handwerker ihre Schnitzereien,
Schmiede- und Korbwaren feil. Und Bäuerinnen
aus der Gegend stellen Näh- und Strickarbeiten
aus oder verkaufen hausgemachte Schmankerl.
Von der Filztasche über die hölzerne Krippe bis
zum Hinterglasbild ist auf diesem Markt fast alles
selbst gemacht. Und so fühlen sich die Besucher
auf ihrem Rundgang wie in vergangene Zeiten

versetzt. Es gibt Punsch und Glühwein, süße Plätzchen und Herzhaftes, und aus den warmen Stuben erklingt Musik. Wenn dann noch leise der Schnee fällt, kenne ich keinen schöneren Ort, um in Weihnachtsstimmung zu kommen.

Doch bevor es so weit ist, bleibt noch viel zu tun. In den Plätzchendosen herrscht bestimmt auch schon wieder gähnende Leere … Und hat sich eigentlich mal jemand um die **Dekoration** in der Stube gekümmert? Nein? Das höre ich sogar gerne, denn so komme ich, mitten im größten Trubel, zu einem Spaziergang im Winterwald. Dort finden sich im Vorübergehen all die Zutaten, die ich für einen schönen, natürlichen Adventsschmuck brauche: Hier ein paar Efeuranken, dort einige Fichtenzweige mit Zapfen dran oder ein Ast voller Flechten. Und zum Glück weiß ich auch, wo die Mistel nicht allzu hoch im Geäst hängt.

Marlies erzählt

Die prächtige alte Tür bringe ich mit Tannenzweigen in Weihnachtsstimmung. Rasch noch ein Ästchen mit Flechten dazugesteckt und dann den Bund mit einer dicken roten Filzschnur umwickelt.

Schmuck und Schutz

Erst zu Beginn des 18. Jahrhunderts kam der Weihnachtsbaum langsam in Mode, und der Adventskranz wurde sogar noch später, im Jahre 1839, erfunden. Doch Tanne, Buchsbaum, Mistel, Stechpalme und die anderen Immergrünen spielten schon lange vorher eine wichtige Rolle zu Weihnachten – nicht nur als Schmuck fürs Haus, sondern auch als Schutz gegen böse Mächte, denen man sich in der dunklen Winterszeit besonders ausgeliefert fühlte. »Heil aller Schaden« hieß zum Beispiel die Mistel damals vielsagend – und band man sie in der Heiligen Nacht an die Obstbäume, waren die das ganze Jahr über vor Hagel, Blitz und Raupenfraß sicher.

Das besonders Schöne an meinen Fundstücken aus dem Wald: Es müssen nicht erst aufwändig Girlanden gewunden und Kränze gebunden werden. Man kann die Schätze auch einfach in einen irdenen Krug stecken und einen Strohstern dranhängen – schon ist der **Tischschmuck** fertig. Die prächtige alte Tür bringe ich mit Tannenzweigen in Weihnachtsstimmung. Rasch noch ein Ästchen mit Flechten dazugesteckt und dann den Bund mit einer dicken roten Filzschnur umwickelt, an deren Enden ich Zapfen knote. Der **Fensterschmuck** in der Stube geht genauso leicht von der Hand: Auf jeder Fensterbank arrangiere ich ein paar rotbackige Äpfel, dazu Zapfen, Holzsterne und dazwischen ein wenig Tannengrün, und die Scheiben beklebe ich mit gefalteten Sternen aus weißem Transparentpapier.

Die Adventszeit ohne ein selbst gebasteltes **Paradeisl?** Da würde mir wirklich was fehlen. In Oberbayern und Österreich kannte man es lange, bevor der Adventskranz in Mode kam. Und genau wie dieser ist es ein vorweihnachtlicher Zeitmesser mit vier Kerzen. Doch während der Kranz kreisrund gebunden wird, ist das Paradeisl eine aus sechs verzierten Holzstäben und vier Äpfeln zusammengefügte Pyramide. Sein Name leitet sich vom Paradies ab: Die Äpfel erinnern an den Sündenfall – und seine Kerzen, die mitten in den Äpfeln stecken, weisen auf die Erlösung durch Christi Geburt hin. Für mich ist das Paradeisl, mancherorts wird es auch Paradeiser genannt, ein besonders liebenswerter alter Brauch, der es verdient hat, dass man ihn nicht vergisst.

Alle Jahre wieder … Schokolade raspeln, Teig ausrollen, Sternchen ausstechen: Mit der **Weihnachtsbäckerei** verbringe ich viele Stunden. Denn selbst gebackene Plätzchen haben fast schon etwas Magisches. Und sie erhalten die Freundschaft: Deshalb dürfen Familie und Freunde jedes Jahr mit einer wohlgefüllten Tüte rechnen. Auch die Plätzchenteller im Kramerladen finden viel Anklang. So müssen Butterplätzchen, Hollerblütenstäbchen, Kosakentaler und all die anderen kleinen Kekse ständig nachgefüllt werden – genauso wie mein selbst gemachtes Früchtebrot.

Das dunkle Brot mit eingebackenem Dörrobst aus dem Garten kannte man schon im Mittelalter. Dass es in Bayern und Österreich unter dem Namen **Kletzenbrot** bekannt ist, hängt mit den Dörrbirnen, hierzulande Kletzen genannt,

zusammen. Die wurden früher besonders gern dafür verwendet. Ich mag ja das Apfelbrot am liebsten – und zwar aus frischen Äpfeln gemacht. Genau wie das Kletzenbrot passt es hervorragend zum Adventskaffee, schmeckt jedoch auch gut zu Käse und Wein. So mancher bestreicht es gern mit Butter oder Marmelade – und ich hab's ein wenig durchgezogen am liebsten.

Richtig gelagert, gewinnen auch die Weihnachtsplätzchen noch an Aroma. Aber Vorsicht: Mundraub-Gefahr! Sollen wenigstens ein paar **Butterplätzchen** und **Hollerblütenstäbchen** bis Weihnachten überdauern, brauchen sie ein sicheres Versteck. Sie schmecken einfach zu verführerisch! Ach, und die **Kosakentaler** liebe ich schon seit Kindertagen. Steigt mir beim Backen ihr Duft in die Nase, werden schöne Erinnerungen wach. Dann sehe ich sie wieder vor mir: Die Großmutter beim Plätzchenbacken und den Vater, der loszieht, um einen Christbaum aus dem Wald zu holen. Allein, denn wir Kinder wurden mit einem anderen dringenden Auftrag losgeschickt: Wir sollten Moos und Wurzeln für

Großvaters selbst geschnitzte Weihnachtskrippe suchen. Die baute die ganze Familie am Heiligen Abend dann gemeinsam auf. Und so zäh die Zeit zuerst für uns Kinder dahintröpfelte, bis alle Schafe richtig standen und das Bächlein aus Stanniolpapier endlich sprudelte, war es doch auf einmal so weit: Der Großvater klingelte mit dem Weihnachtsglöckchen … Das Christkind war da!

Ein ganzes Wochenende lang schaut man auf dem Glentleitner Christkindlmarkt in strahlende Gesichter. Dann ist auf einmal alles vorüber. Es wird abgebaut und aufgeräumt, weggepackt und eingemottet … und bald ist es ganz still. Alles versinkt in einen tiefen Winterschlaf. Die Wege schneien wieder zu, die Häuser tragen immer dickere Schneemützen, und die einzigen Gäste sind jetzt nur noch die Tiere. Und so folge ich den Spuren von Fuchs, Hase und Reh, wenn ich noch einmal zu einem Spaziergang aufbreche. Ich will, wie immer, schnell noch ein paar **Barbarazweige** schneiden und fürs nahende Weihnachtsfest mit nach Hause nehmen.

Die frischen Obstbaumtriebe waren einst nicht nur zur Zierde da, man verwendete sie auch als Orakel. Junge Frauen erfuhren durch sie den Namen ihres Bräutigams und Bauern, wie die Ernte ausfällt. Mal sehen, vielleicht haben sie mir ja auch was zu sagen. Etwa was das neue Jahr bringen wird? Auf der Glentleiten beginnt es erst im nächsten März, wenn das Museum aufs Neue seine Tore öffnet. Und wer weiß, vielleicht sehen wir uns ja dann?

Blütenwunder zum Fest

Heute geht man einfach in einen Blumenladen, wenn man das Haus zu Weihnachten mit frischen Blüten schmücken will. Früher schnitt man am 4. Dezember (dem Namenstag der heiligen Barbara) Zweige von den Obstbäumen und stellte sie in die Vase. Mit etwas Glück blühten sie bis Heiligabend und brachten so, mitten in der kalten, düsteren Winterzeit, Leben ins Haus.

Barbarazweige waren aber nicht nur Schmuck, sondern auch Glücksbringer. Und sie dienten als Orakel, mit dem man die Zukunft vorhersagen konnte. Gab es mehrere Bewerber für ein heiratswilliges Mädchen? Dann musste es nur jedem von ihnen einen Zweig widmen – derjenige Trieb, der zuerst aufblühte, verriet den Namen des Hochzeiters. Und wie würde die nächste Ernte ausfallen – gut oder schlecht? Die Anzahl der Blüten brachte es an den Tag. Sogar eine richtige Losnummer vorherzusagen war für Barbarazweige kein Problem.

Wer sich das Glück ins Haus holen möchte, pflückt am besten Zweige von Kirsche, Zwetschge oder Apfelbaum. Bei ihnen stehen die Chancen gut, dass sich die Knospen innerhalb von drei Wochen öffnen. Allerdings muss sie zuvor der Frost erwischt haben, sonst blühen die Zweige nicht. War der Winter bisher zu mild, legt man die frisch geschnittenen Triebe für 24 Stunden in die Gefriertruhe – bevor man sie schräg anschneidet und ins warme Wasser stellt.

Apfelbrot

Für 1 Laib

- 375 g Äpfel
- 100 g Zucker
- 2 TL Lebkuchengewürz
- 1 TL Zimt
- 50 g ganze, geschälte Mandeln
- 50 g ganze Haselnüsse
- 75 g geröstete Sonnenblumenkerne
- 100 g Rosinen
- 250 g Vollkornmehl
- 1 Päckchen Backpulver
- 2 EL Rum
- etwas Butter fürs Backblech

■ Die Äpfel grob raspeln, mit dem Zucker vermengen und über Nacht in einer großen Schüssel durchziehen lassen.

■ Dann die restlichen Zutaten zugeben und mit den Händen zu einem Teig verkneten.

■ Einen länglichen Laib daraus formen und auf ein gefettetes Backblech setzen.

■ Im vorgeheizten Ofen bei 180 °C rund 90 Minuten backen. Vor dem Anschneiden auskühlen lassen.

MARLIES' TIPP

Gleich oder später

»Apfelbrot kann man sofort essen – oder sich bis zu 6 Wochen damit Zeit lassen. Frischhaltefolie verhindert, dass es dabei zu sehr austrocknet. Aber schimmeln soll es natürlich auch nicht. Deshalb verschließe ich die Verpackung nicht ganz luftdicht, sondern lasse sie vorne und hinten ein wenig offen.«

Butterplätzchen

Für 80 kleine oder 60 große Plätzchen

Für den Teig:

400 g Mehl
120 g Zucker
1 Prise Salz
1 Päckchen Vanillezucker
1 Eigelb
1 Schnapsglas Rum
250 g Butter
die abgeriebene Schale
  von 1 Bio-Zitrone

Für die Glasur:

200 g Puderzucker
7 EL Rum (oder 4 EL Wasser
  und 3 EL Zitronensaft)

Für die Verzierung:

bunte Zuckerstreusel, klein gehackte
Pistazien, Krokant, Schokoherzchen
und -sterne

■ Alle Teigzutaten auf einem Backbrett zum
Teig zusammenkneten (am besten mit Hilfe einer
Teigkarte).

■ Dann zu einem Ballen formen, in Frischhaltefolie einschlagen und im Kühlschrank für 2 Stunden
kalt stellen.

■ Anschließend den Teig mit einem Nudelholz
3 mm dick ausrollen und die Plätzchen ausstechen.

■ Die Sterne, Herzen, Rauten usw. auf ein mit
Backpapier ausgelegtes Backblech setzen und

im vorgeheizten Ofen bei 170 °C etwa 9 Minuten
backen. Dann abkühlen lassen.

■ Für den Zuckerguss Puderzucker, Wasser und
Zitronensaft oder Rum miteinander verrühren
und auf die Plätzchen streichen. Bevor die Glasur
trocknet, nach Geschmack mit Streuseln usw.
verzieren.

MARLIES' TIPP

Noch mehr Vielfalt

»Verwendet man für den Zuckerguss Himbeersirup statt
Wasser, werden die Plätzchen rosarot. Mit Eigelb bestrichen,
färben sie sich gelb – aber sie müssen dann noch mal für
5 Minuten bei 100 °C in den Ofen. Terrassenplätzchen sind
eine weitere Variante: Dafür sticht man Herzen, Sterne oder
Rauten in drei Größen aus und klebt sie nach dem Backen
mit Johannisbeergelee terrassenartig gestaffelt überein-
ander. Die größten nach unten, die kleinsten nach oben.«

Himbeerlebkuchen

Für 1 Backblech

Für den Teig:

7 Eier
300 g Zucker
150 g Himbeeren
  (frisch oder tiefgekühlt)
350 g gemahlene Mandeln
25 g Speisestärke
100 g Orangeat
1 TL Zimt
1 Messerspitze gemahlene Nelken
1 Prise Muskatnuss

Für die Glasur:

200 g Puderzucker
7 EL Himbeersirup

Die Eier trennen und das Eiweiß mit einem Handrührgerät zu Eischnee schlagen. Unter Weiterrühren langsam den Zucker einrieseln lassen, sodass eine steife, glänzende Masse entsteht.

Die (aufgetauten) Himbeeren kurz mit dem Schneebesen durchrühren und mit den Eigelben sowie den restlichen Teigzutaten vermengen. Danach vorsichtig den Eischnee unterheben.

Die Masse auf ein mit Backpapier ausgelegtes Blech streichen und im vorgeheizten Ofen bei 170 °C etwa 45 Minuten backen.

Die Teigplatte noch heiß auf ein Backbrett stürzen, das Backpapier abziehen und den Lebkuchen in Stücke schneiden.

Die Stücke auskühlen lassen, in der Zwischenzeit aus Puderzucker und Himbeersirup die Glasur anrühren. Auf die erkalteten Lebkuchen aufpinseln und gut trocknen lassen.

Kosakentaler

Für 40 Plätzchen

Für den Teig:

300 g Mehl
½ TL Backpulver
100 g Zucker
1 Päckchen Vanillezucker
3 EL Milch
150 g Butter

Außerdem:

1 Packung Nougatmasse (150–200 g)
200 g gemahlene Haselnüsse

■ Sämtliche Teigzutaten auf einem Backbrett zu einem Mürbteig verkneten. Anschließend in Frischhaltefolie wickeln und im Kühlschrank 1 Stunde lang kalt stellen.

■ Dann den Teig mit einem Nudelholz in Messerrücken-Dicke ausrollen und runde Plätzchen ausstechen.

■ Auf dem mit Backpapier ausgelegten Blech platzieren und im vorgeheizten Ofen bei 170 °C etwa 9 Minuten backen. Danach auskühlen lassen.

■ Die Nougatmasse nach Vorschrift schmelzen lassen. Jeweils ein Plätzchen damit bestreichen und anschließend mit einem zweiten zusammenkleben.

■ Danach sämtliche Doppel-Plätzchen an den Rändern ebenfalls mit Nougat bepinseln und zum Schluss einmal durch die gemahlenen Haselnüsse rollen.

Hollerblütenstäbchen

Für 40 Stäbchen

Für den Teig:

100 g Marzipan
125 g Butter
100 g Puderzucker
1 Päckchen Vanillezucker
1 Ei
2 EL Holundersirup
150 g Mehl
100 g Speisestärke

Für die Verzierung:

100 g Blockschokolade
2 EL Holundersirup
2 EL Puderzucker

🟧 Alle Teigzutaten in eine Schüssel geben und mit den Knethaken des Handrührgerätes zu einem Teig verarbeiten.

🟧 Anschließend portionsweise in einen Spritzbeutel mit glatter, runder Tülle füllen (je feiner die Lochung, desto zierlicher werden die Stäbchen).

🟧 Auf ein mit Backpapier ausgelegtes Blech ein etwa 4 cm langes Stäbchen spritzen. Direkt daneben das nächste, sodass sie sich auf ganzer Länge berühren. Dann mittig auf die beiden ein drittes Stäbchen setzen, um alle drei zu einem Plätzchen zu verbinden.

🟧 Auf diese Art und Weise das ganze Backblech mit Stäbchen füllen. Dann im vorgeheizten Ofen bei 170 °C etwa 12 Minuten backen und auskühlen lassen.

🟧 Für die Verzierung die Blockschokolade schmelzen und mit Sirup und Puderzucker verfeinern.

🟧 Dann Butterbrotpapier zu einem Tütchen zusammenrollen und die flüssige Glasur einfüllen.

🟧 Mit der Schere die Tütenspitze abschneiden, die flüssige Schokolade in einem feinen Strahl herausdrücken und damit ein Zickzack-Muster auf die Stäbchen spritzen. Danach gut trocknen lassen.

M A R L I E S ' T I P P

Wenn's schnell gehen soll

»Wem das Schlangenmuster auf den Plätzchen zu aufwändig ist, der kann die Stäbchen auch zur Hälfte in die Glasur eintauchen. Sie sind dann halb natur und halb schokoladenbraun.«

Apfellikör

Für 3 Flaschen à ½ Liter

1 l Apfelsaft
150 g Zucker
1 Zimtstange
3 Päckchen Vanillezucker
1 Stange Zimt
375 ml weißer Rum
8 Tropfen Bittermandelaroma

■ Alle Zutaten, mit Ausnahme von Rum und Bittermandelaroma, in einen Topf geben, umrühren und erhitzen. Einmal kurz aufkochen und dann 10 Minuten ziehen lassen.

■ Nach dem Abkühlen Rum und Aroma zugeben, gut durchrühren.

■ Den fertigen Likör in Flaschen abfüllen – und vielleicht schon mal ein Gläschen probieren. Wartezeiten sind nämlich nicht erforderlich. Haltbar ist der Likör rund 1 Jahr.

MARLIES' TIPP

Wenn es draußen kalt wird

»Der selbst gemachte Apfellikör schmeckt das ganze Jahr über. Besonders gern serviere ich ihn heiß – mit einem Sahnehäubchen verziert.«

Paradeisl selbst gemacht

Wer Lust hat, einen schönen, alten Advents-
brauch wieder aufleben zu lassen – der
braucht nur:

> 4 rotbackige Äpfel
>
> 4 rote Kerzen
>
> etwas Tannengrün
>
> 3 m rotes Geschenkband (½ cm breit)
>
> 6 Holzstäbe (½–¾ cm stark; 3 Stück
> auf 20 cm Länge geschnitten,
> die anderen 30 cm lang)
>
> etwas Alufolie
>
> ein paar Tropfen Klebstoff
>
> ein Glas mit einem Durchmesser
> von rund 5 cm

Und so geht's:

■ Sämtliche Stäbe zu beiden Seiten mit
einem scharfen Messer anspitzen. Dann
spiralförmig mit dem Geschenkband um-
wickeln, Anfang und Ende festkleben.

■ Aus den kurzen Stäben und 3 Äpfeln ein
Dreieck zusammenstecken. Die Äpfel (Stiele
nach oben) bilden dabei die Eckpunkte.

■ Jetzt schräg oben in jeden dieser Äpfel
einen langen Stab spießen. Die Stäbe mit
einer Hand bündeln und von oben her den
vierten Apfel draufstecken.

■ Danach bei jedem Apfel Stiel und Kern-
haus mit dem Messer so weit ausschneiden,
dass eine Kerze darin Platz findet.

■ Mit Hilfe des Glases auf der Alufolie
4 Kreise ziehen und ausschneiden. Um jedes Kerzenende einen davon drapieren
und die Kerzen dann in die vorbereiteten
Löcher stecken.

■ Zuletzt die Äpfel mit Tannenzweiglein
dekorieren – den obersten Apfel rundum,
die unteren nur zur Hälfte. Dazu mit dem
Messer kleine Löcher vorbohren.

■ Alles fertig? Dann stellt man das Paradeisl
auf einen großen mit Nüssen und Weih-
nachtsgebäck ausgelegten Teller.

ANHANG

Rezeptregister

Sachregister

Hier eine Auswahl an hilfreichen Adressen

Brotduft liegt in der Luft

Alles rund ums Brotbacken – vom Holzofen über Brotkorb und Brotstempel bis zu Natursauerteig und Brotgewürz finden Sie bei:

Karl-Heinz HÄUSSLER GmbH
Nussbaumweg 1
88499 Heiligkreuztal
Tel. 07371-93770
www.backdorf.de

Brot und Kräuter – raffiniert kombiniert: Eigenes Brot backen aus selbst gemachtem Sauerteig und mit frischen Kräutern – das kann jeder lernen. Zum Beispiel in einem Kurs der Naturküche Wieshof:

Naturküche Wieshof, Elisabeth Doll
Wieshof 1
82362 Weilheim-Marnbach
Tel. 0881-2342
www.naturkueche-wieshof.de

Süße Früchtchen für alle!

Die traditionelle **Pfitzaufform**, in der Marlies Heinritzi ihre Scheiterhaufen-Törtchen bäckt, ist über die Hafnerei des Freilichtmuseums zu beziehen. Info unter:

www.hafnerei-glentleiten.de
oder Tel. 08851-7688

Alles in Butter

Buttermodel aus Holz und die moderne Variante eines Butterglases zum Selberbuttern bietet der Museums-Kramerladen zum Verkauf:

Tel. 08851-7527
www.kramerladen-glentleiten.de

Butterrührgeräte aus Kunststoff und Holzmodel führt:

Bunte Kuh, Käsereibedarf Jay Brady
Hinterdorfstr.18
36154 Hosenfeld-Hainzell
Tel. 06650-1560
www.käsereibedarf.de

Erste Hilfe aus Beet und Wiese

Tinkturen mixen und Salben, Cremes und Öle herstellen: Wie sich frisch gesammelte Kräuter in Medizin verwandeln, lernt man in der Naturküche Wieshof. Die eigenhändig kreierten Hautschmeichler und sanften Muntermacher kann man nach dem Kurs mit nach Hause nehmen und damit die eigene **Hausapotheke** bestücken. Adresse und Kontakt siehe unter »Brotduft liegt in der Luft«, auf dieser Seite.

Im siebten Käsehimmel

Zubehör zum Käsen gibt's bei:

Helmut Rink GmbH
Geräte für Obst- und Milchverwertung
Wangener Str. 18
88279 Amtzell
Tel. 07520-6145
www.rink-gmbh.de

und bei: Bunte Kuh, Käsereibedarf Jay Brady, Adresse und Kontakt siehe unter »Alles in Butter«, auf dieser Seite.

Bamberger Hörnchen und Rosa Tannenzapfen

Kartoffelraritäten per Paket: Kartoffelvielfalt bietet der gleichnamige Biohof in der Lüneburger Heide. Sämtliche im Artikel vorgestellten Sorten, von ›Bamberger Hörnchen‹ bis ›Violetta‹, kann man dort bestellen – in bester Qualität, zum Aufessen oder Auspflanzen:

Ellenberg's Kartoffelvielfalt,
Ebstorfer Straße 1
29576 Barum
Tel. 05806-304
www.kartoffelvielfalt.de

Wände blühen auf

Schablonierkurse für Erwachsene bietet die Volkskundlerin Michaela Firmkäs an – im Freilichtmuseum Glentleiten und andernorts. Wer lernen möchte, wie man anhand historischer Vorlagen eigene Schablonen erstellt und dann mittels Stupftechnik die Wände verziert, ist hier richtig. Info und Anmeldung unter:

Tel. 08034-7147.

Natürliche Pigmente und eine große Auswahl an **Schablonen** – auch solche mit historischen Mustern – gibt's bei:

KREIDEZEIT Naturfarben GmbH
Cassemühle 3
31196 Sehlem
Tel. 05060-6080650
www.kreidezeit.de

Eine große **Auswahl an Schablonen** führt außerdem:

Jochum Schablonen
Birkenweg 4
94431 Pilsting/Großköllnbach
Tel. 09953-981976
www.jochum.de

Hübsch abgestempelt

Der **Blaudruck**-Expertin Karola Bietsch kann man bei der Arbeit über die Schulter schauen: zum Beispiel bei einer ihrer Stoffdruck-Vorführungen im Freilichtmuseum Glentleiten oder auf einem der Brauchtumsmärkte in der Umgebung. Termine unter:

Tel. 08851-185-0
www.glentleiten.de.

Alles rund um den **Handdruck mit Modeln,** wie etwa eine Auswahl an 2500 verschiedenen Modelmotiven aus vielen Zeiten und Kulturen und nach eigenen Entwürfen oder über 100 unterschiedliche eigens für diese Technik entwickelte ungiftige Farben finden Sie bei:

»Blauweiß'chen«,
Ellen Ostendorf
Frieport 17
59387 Ascheberg-Davensberg
Tel. 02593-6816
www.blauweisschen.de

Weihnachten wie damals

Der Christkindlmarkt des Freilichtmuseums Glentleiten findet traditionell am 1. Adventswochenende statt – von Freitag bis Sonntag. Einen Besuch sollten Sie sich nicht entgehen lassen: Kenner halten ihn für einen der schönsten Weihnachtsmärkte in Süddeutschland. Mehr Info unter

Tel. 08851-185-0 oder unter
www.glentleiten.de

Das Freilichtmuseum Glentleiten

Das Freilichtmuseum Glentleiten liegt etwa 45 Autominuten südlich von München, in der Nähe des Kochelsees und mitten im bayerischen Voralpenland. Egal ob man sich dort, immer der Nase nach, durchs Gelände treiben lässt oder einem der Themenwege folgt, um sich gezielt zu informieren – am besten plant man gleich mehrere Stunden für diesen spannenden Ausflug in die Vergangenheit ein.

Für alle, die Lust auf mehr haben, gibt es vielfältige Möglichkeiten, wie etwa:

Ferienprogramm für Kinder: Besondere Angebote immer in den bayerischen Schulferien – von Heutiere basteln über Marmelade einkochen bis Töpfern, Filzen und Hinterglasmalen.

Kurse für Erwachsene: alles, was Sie schon immer übers Jodlersingen, Spinnen oder Körbeflechten wissen wollten …

Veranstaltungen für die ganze Familie: Da wäre zum Beispiel der Traktorentag mit seltenen Unikaten in voller Fahrt; der Handwerkertag für alle, die Drechsler, Schmied & Co. beim Arbeiten über die Schulter schauen wollen, und das Kirchweihfest wie anno dazumal mit einer echten Kirta-Hutschn für große und kleine Mit-Schaukler.

Diese Termine und noch viel mehr entnehmen Sie dem aktuellen Glentleiten-Programm (nachfragen und anfordern unter Tel. 08851-185-0 oder Sie informieren sich unter www.glentleiten.de).

Adresse:
Freilichtmuseum Glentleiten
82439 Großweil

Öffnungszeiten: Das Museum ist vom 19. März bis 11. November geöffnet – und zwar von Dienstag bis Sonntag, 9–18 Uhr, an Feiertagen und von Juni bis Ende September auch montags. Mit dem Ende der Sommerzeit schließen die Tore um 17 Uhr.

Im **Kramerladen mit Biergarten und beheizter Stube** sind Marlies Heinritzi und ihr Sohn Johann – als Chefin und Chef – ganz in ihrem Element. Dort kann man während der Öffnungszeiten des Museums wunderbar einkaufen und einkehren. Museumsbesucher haben die Wahl zwischen köstlichem Gebäck und selbst gemachten Kuchen, herzhaften Brotzeiten und kleinen warmen Gerichten. An jedem ersten Samstag im Monat lädt ab 10 Uhr das »Lange Samstagsfrühstück« mit einem Spezialitäten-Büfett zum Schlemmen ein.

Auch Familien- oder Betriebsfeiern sind hier genau richtig – sogar außerhalb der regulären Museumsöffnungszeiten. Information und Reservierung unter Tel. 08851-7527 und www.kramerladen-glentleiten.de

Das Team

Christiane Widmayr-Falconi

Die studierte Gartenarchitektin und Redakteurin der Zeitschrift *kraut&rüben* kann einfach nicht ohne – nicht ohne Wiesen, Wälder, Berge, Seen und ihr geliebtes Blaues Land. So outet sie sich gern als geborenes Landei und pendelt fröhlich zwischen Stadt (Arbeit) und Land (Genuss pur) hin und her. In ihrer Freizeit buddelt sie am liebsten in ihrem großen Garten oder streicht mit Hund Jimmy durch die Natur – und schreibt Bücher. Die beschäftigen sich – was sonst! – meist mit dem schönen Leben auf dem Land. Auch für *Die pure Lust am Landleben* war sie für die Texte verantwortlich und hat so Marlies Heinritzi eine Stimme gegeben.

Marlies Heinritzi

ist Hauswirtschaftsmeisterin, ausgebildete und aktive Kräuterpädagogin und angehende Phytopraktikerin. Seit 1996 betreibt sie den Kramerladen im oberbayerischen Freilichtmuseum an der Glentleiten – mittlerweile zusammen mit ihrem Sohn Johann. Nichts und niemand hält sie zuhause, wenn es draußen von reifen Schätzen wimmelt. Auf Beerenjagd zu gehen und anschließend leckere Kuchen, Marmeladen und andere Köstlichkeiten daraus zu zaubern gehört zu ihren liebsten Beschäftigungen. Ihr Wissen und ihre Begeisterung für ein Leben mit und in der Natur weiterzugeben, ist für sie ein persönliches Anliegen und eine besondere Freude.

Christa Brand

Christa Brand besuchte die Bayrische Staatslehr-
anstalt für Fotografie in München und schloss die
Meisterprüfung mit Auszeichnung ab. Seit 1995
hat sie sich auf Gartenfotografie spezialisiert und
sich einen hervorragenden Namen gemacht. Ihre
Fotos werden in führenden Gartenzeitschriften
sowie in zahlreichen Büchern und Kalendern ver-
öffentlicht. Aus ihren Publikationen steigt einem
regelrecht der Duft der Blumen und Kräuter
entgegen, ihre Freude an der Natur überträgt
sich auf den Betrachter. Sie lebt in Ismaning bei
München.
www.christabrand.de

Maira Falconi Borja

Ein Teil ihrer Familie behauptet ja, sie sei bereits
mit der Kamera auf die Welt gekommen. Aber
nein, ganz so war es nicht. Dass sie jedoch von
Kindesbeinen an alles, was sie interessierte, aufs
Bild bannte, das stimmt. Damit war klar, was die
junge Frau werden wollte: Fotografin natürlich!
Auch wenn sie inzwischen vielen Menschen
und deren Leidenschaften mit der Kamera nahe
gekommen ist – besonders gern hält sie sämtliche Facetten des Landlebens fest. Schließlich ist
sie selbst auf dem Land groß geworden – und
zwar mit allem Drum und Dran.
mail@maira-falconi.de

Gartenzeitschrift kraut&rüben

Die Wiege der Idee zum Buch: Christiane Widmayr-Falconi entdeckte Marlies Heinritzi zunächst
für die Zeitschrift *kraut&rüben,* das Magazin für
biologisches Gärtnern und naturgemäßes Leben.

Freilichtmuseum Glentleiten

Im Freilichtmuseum an der Glentleiten laufen die
Fäden zusammen: Es ist nicht nur ein wunder-
barer Ort für ein Buch von der Landlust, sondern
auch das Wirkungsfeld von Marlies Heinritzi.

Einfach danke!

Jetzt ist es aber höchste Zeit, Danke zu sagen – all jenen, die mit viel Herz, Elan, ihrem Wissen und Können zum Gelingen dieses Buches beigetragen haben:

Dass wir als Fototeam zu jeder Zeit und manchmal auch zur Unzeit im Freilichtmuseum Glentleiten willkommen waren, das verlangt nach einem extradicken Dankeschön – an die Adresse der **Museumsdirektorin Dr. Monika Kania-Schütz.** Herzlichen Dank auch, dass wir auf der Suche nach außergewöhnlichen Motiven in wirklich jeder Ecke dieses gastfreundlichen Museums aufkreuzen, die Kameras aufstellen, das Geschirr auspacken, kurz überall im Weg stehen durften, um unsere Rezepte gebührend in Szene zu setzen. Unser Dank gilt ebenso **Werner Deiser,** der für die Veranstaltungsorganisation im Museum zuständig ist. »Geht nicht«, hörten wir von ihm nie. Für uns und unser Vorhaben machte er tatsächlich alles möglich – selbst das Unmögliche. Dankbar sind wir auch den **Damen und Herren von der Geländeaufsicht,** die uns frühmorgens um 6 Uhr schon freundlich begrüßten und viel Zeit für uns opferten, egal ob es darum ging, uns einen neugierigen Stier vom Hals zu halten oder das alte Back- und Dörrhäusl fürs Foto herzurichten.

Ein herzliches Dankeschön auch an **Dr. Melanie Bauer,** die Pressefrau des Museums, die uns mit allen wichtigen Infos versorgt, mehr als einmal für uns mitgedacht und nie die Geduld mit uns verloren hat.

Bei einigen Kapiteln dieses Buches waren wir auf Mithilfe, Wohlwollen, Tipps und Tricks versierter Fachfrauen angewiesen. Und so bedanken wir uns herzlich bei **Elisabeth Doll** von der Naturküche Wieshof, die uns beim Brotbacken nicht nur eine malerische Ecke ihres schönen Biobauernhofs zur Verfügung stellte, sondern obendrein ihre Tatkraft, frische Kräuterideen und sogar ihre Hände – die auf den Schritt-für-Schritt-Fotos im Buch zu sehen sind. **Karola Bietsch,** Bäuerin und Blaudruck-Expertin, lieh uns ihre schönen alten Model und hielt zu unserem Glück auch mit ihrem Wissensschatz nicht hinter dem Berg. Aus dem Effeff beherrscht Kunsthistorikerin **Michaela Firmkäs** die Schablonenmalerei. Ihr verdanken wir die schönen alten Jugendstil-Vorlagen, die wir aufs Bild bannen durften, so manchen Tipp zum Thema »Wie's früher war« und eine genaue Anleitung, wie man aus alten Vorlagen neue Schablonen herstellt.

Ganz am Anfang unserer Geschichten vom Land steht die Gartenzeitschrift *kraut&rüben*. Deshalb gilt unser besonderer Dank der Chefredakteurin **Ulrike Schäfner** – für ihren Glauben an unser Vorhaben (das durch sie überhaupt erst möglich wurde) und für so manche heiße Kohle, die sie beim Entstehen des Buches aus dem Feuer geholt hat. Ein herzliches Dankeschön gebührt außerdem der *kraut&rüben*-Redakteurin **Katharina Bodenstein:** Mit ihren sonnigen Ideen hat sie die Themen Brot backen, Schablonenmalerei und Blaudruck in Szene gesetzt und fürs Styling gesorgt. Danke auch für den sprühenden

Humor, mit dem sie es vermochte, Probleme in Problemchen zu verwandeln. Und was wäre das Buch ohne *kraut&rüben*-Redakteurin **Roswitha Schauer** – unsere stets gut gelaunte Retterin aus Nöten und Engpässen. Styling, Rat und Tat, Mutters Gemüse, Omas Tischdecken und das Sonntagsgeschirr der Schwester – all das brachte uns durch so manchen Produktionstag. Viele der Frühlings-, Sommer-, Herbst- und Winterrezepte sehen erst dank ihrer Mitwirkung so schön zum Reinbeißen aus.

Und was haben wir dem Mosaik-Verlag in Person der Cheflektorin **Monika König** nicht alles zu verdanken! Keine außer ihr hätte es fertiggebracht, sämtliche Mitwirkende so grandios unter einen Hut zu bringen. Danke auch für die unerschöpfliche Geduld, das diplomatische Geschick, den Einsatz zu jeder Zeit (sogar im Urlaub) und vor allem für das große Vertrauen in uns. Ohne Monika König und ihre Begeisterungsfähigkeit wäre unser Buch nie entstanden. Lektorin **Karin Weber** wusste Antwort auf jede unserer Fragen und trug mit ihrer sachkundigen Hilfestellung viel dazu bei, dass unser Buch sein jetziges Gesicht erhielt. Vielen Dank für die wunderbare Zusammenarbeit!

Impressum

Alle Ratschläge in diesem Buch wurden von den Autorinnen und vom Verlag sorgfältig erwogen und geprüft. Eine Garantie kann dennoch nicht übernommen werden. Eine Haftung der Autorinnen beziehungsweise des Verlags und seiner Beauftragten für Personen-, Sach- und Vermögensschäden ist daher ausgeschlossen.

Verlagsgruppe Random House FSC® N001967
Das für dieses Buch verwendete FSC®-zertifizierte Papier *Tauro* liefert Sappi, Werk Stockstadt.

Bildnachweis
Fotos Seite 4, 8/9, 11, 14, 16, 36/37, 39, 43, 44, 46, 47, 59, 60, 63, 64, 65, 66/67, 79, 82, 83, 85, 86, 87, 89, 92, 93, 94, 96, 98/99, 101, 103, 105, 106, 107, 109, 110, 113, 114, 117, 118, 121, 125, 126, 127, 128, 129, 130/131, 133, 134, 136, 137, 138, 139, 140, 141, 143, 146, 147, 148, 149, 151, 155, 157, 158, 159, 161, 163, 165, 166, 167, 187, 189 (Porträt Christa Brand): Christa Brand
Fotos Seite 7, 19, 22, 23, 25, 27, 29, 32, 33, 34, 49, 52, 53, 54, 56, 69, 73, 75, 76, 77, 152/153, 169, 173, 174, 175, 176, 177, 178, 179, 180/181, 188, 191: Maira Falconi Borja
Porträt Maira Falconi Borja Seite 189: Blende 11

Grafiken und Icons
Blauweiße Borte mit Gänseblümchen: fotolia/jd-photodesign; Hintergrund-Ornament: fotolia/Olena Antonova; Kuh, Weihnachtsbaum, Schubkarre: fotolia/Sam; Edelweiß: fotolia/KLEXX; Hahn: fotolia/Antalia; Apfel, Geweih: Thomas Dreher;

1. Auflage
© 2014 Wilhelm Goldmann Verlag, München, in der Verlagsgruppe Random House GmbH
Idee und Konzeption: Christiane Widmayr-Falconi
Umschlagfoto und Hintergrundbild Rückseite: Maira Falconi Borja
Umschlagfotos Rückseite: Christa Brand, außer Katzenfoto: fotolia/Magdalena Kucovain
Umschlaggestaltung und Layout: Thomas Dreher, München
Produktion und Styling: Christiane Widmayr-Falconi, außer »Brotduft liegt in der Luft« (S. 28), »Wände blühen auf« (S. 154) und »Hübsch abgestempelt« (S. 162). Hier Produktion und Styling: Katharina Bodenstein
Co-Stylistin für die Kapitel »Brotduft liegt in der Luft« (S. 28), »Süße Früchtchen für alle!« (S. 48), »Sonne im Glas« (S. 100), »Bamberger Hörnchen und Rosa Tannenzapfen« (S. 120), »Weihnachten wie damals« (S. 168): Roswitha Schauer
Lithografie: Lorenz & Zeller, Inning am Ammersee
Druck und Bindung: Mohn Media GmbH, Gütersloh
Printed in Germany
KW · Herstellung: IH
ISBN 978-3-442-39248-3
www.mosaik-verlag.de

kraut&rüben – Der Klassiker!

kraut&rüben ist der Klassiker unter den Bio-Gartenmagazinen. Dabei ist das biologische Gärtnern keine Modeerscheinung, sondern feste Überzeugung seit 30 Jahren. Seit dieser Zeit steht kraut&rüben für hohe gärtnerische Kompetenz verbunden mit Lust auf Genuss und Lebensfreude. Jeden Monat neu.